Mes Essentiels de la cuisine Végétarienne

LE LABEL YLIGA

C'est une initiative portée par plusieurs maisons d'édition, qui souhaitent faire de ce label une marque de fabrique et de traçabilité d'ouvrages édités de façon la plus respectueuse possible de l'environnement.

On ne peut pas vous promettre le « zéro déchet » ou le « zéro pollution » mais on vous propose des ouvrages plus éco-responsables. Une nouvelle manière de lire le monde grâce à nous tous, éditeurs, auteurs, imprimeurs, distributeurs, libraires, lecteurs.

Parce que le livre doit servir la planète sans l'abîmer !

- Des livres qui traitent d'environnement, de bien-être, de « bien-manger », de conscience écologique, sociale et politique, des livres pour les adultes et pour les enfants, des livres qui donnent du sens en plaçant notre planète au cœur de notre quotidien, de notre réflexion.
- **Moins de papier :** des formats d'ouvrage choisis pour leur très faible gâche de matière.
- **Un papier certifié** aux normes environnementales FSC et PEFC (des écolabels garantissant une gestion durable des forêts).
- **Moins de produits chimiques :** utilisation d'encres végétales, absence de vernis et de pelliculage issu de la pétrochimie.
- **Pas de couverture cartonnée ni de film plastique** protégeant les ouvrages.
- **Impression simultanée** des couvertures d'ouvrages de même format.
- **Impression à moins de 1000 km** de nos entrepôts. Pas d'impression en Asie, pas de transport aérien.
- **Des process repensés :** suppression des tirages papier pour contrôler les étapes de fabrication avec le photograveur et l'imprimeur, facturation 100 % numérique, diminution des services de presse papier, une communication essentiellement numérique.

* Yliga, pourquoi ce nom ? C'est le nom, en langue moré, d'un arbre aux vertus médicinales qui vit entre le Sahara et l'Afrique tropicale et qui, comme d'autres essences, a su s'épanouir dans des conditions environnementales difficiles. Il est, pour nous, un symbole de l'adaptation nécessaire et possible, de même qu'un exemple d'exploitation vertueuse des ressources naturelles.

YLIGA - ÉCO-RESPONSABLE -

Catherine Kluger

Photographies

Guillaume Czerw

Mes Essentiels de la cuisine Végétarienne

85 recettes simples, efficaces et délicieuses

Éditions
de La Martinière

Sommaire.

Introduction.

Changer ses habitudes.

Les informations alarmantes sur le réchauffement climatique sont quotidiennes et le rapport avec l'agriculture et l'alimentation humaine et animale n'est plus à démontrer. Chacun est invité à changer son mode de vie, son alimentation, limiter sa consommation de viande et de poisson, mais on se retrouve la plupart du temps sans idée pour préparer rapidement un repas pour sa famille et ses amis.

Garder une assiette gourmande, facile et réalisable au quotidien est sans doute la manière la plus agréable de changer ses habitudes et à mon avis la seule qui tienne dans la durée. C'est pour cette raison que mes recettes sont courtes, adaptables, et que les mêmes ingrédients du placard reviennent souvent.

Se lancer.

C'est le premier pas qui compte... La première fois que l'on fait une recette, ça paraît un peu long, et puis ça devient de plus en plus rapide, fluide, intuitif, on change les ingrédients pour s'approprier la recette, on se sent plus à l'aise pour composer son assiette.

Comme dans mes précédents livres, j'ai eu à cœur de partager ma cuisine du quotidien, les trucs et astuces que j'ai expérimentés ou que j'ai pu glaner dans la cuisine de chefs, auprès de mes ami·e·s cuisiniers et cuisinières chevronné·e·s ou à la lecture de livres de cuisine qui sont toujours une source d'inspiration.

Comme tout le monde, certains soirs, je n'ai pas envie de m'y mettre, je ne sais pas quoi cuisiner à la maison, et personne ne veut m'aider à trouver une idée, alors je plonge dans mes placards ou dans le congélateur et je suis bien souvent sauvée par quelques légumes de saison, des épices, des herbes fraîches, une boîte de thon ou une très bonne sauce tomate.

Petit à petit, j'ai conquis mes fils et mes ami·e·s avec cette cuisine du quotidien, juste par ses saveurs, ses odeurs, ses assaisonnements. Je ne me lasse jamais de tester encore et encore des recettes, des ingrédients, de nouvelles techniques... Le résultat est parfois concluant, parfois perfectible, et parfois franchement pas très bon.

La cuisine comme une méditation.

Couper des légumes, des herbes, monter des blancs en neige ou façonner des cookies constituent des moments où je ne pense à rien d'autre. Cuisiner, c'est un peu ma méditation. Être entrepreneur n'est pas facile tous les jours, et la vie a son lot de hauts et de bas, mais cuisiner m'aide à me vider la tête, à positiver. Si ça marche pour moi, ça peut marcher pour vous aussi.

J'essaie de composer mes recettes pour que les protéines soient le plus digestes et assimilables possible grâce aux céréales et leurs acides aminés, et j'équilibre avec des légumes pour éviter de manger trop de féculents.

On dit que le goût s'éduque, je ne sais pas si c'est vrai, en tout cas on peut facilement prendre goût à une alimentation un peu différente. Mes fils, les amis qui me font le plaisir de venir dîner chez moi en témoignent.

Toutes les photos de ce livre ont été prises chez moi et j'ai réalisé toutes ces recettes (si si, c'est de la vraie nourriture pour ceux qui se posent encore la question…), j'ai eu envie de vous montrer les gestes pour préparer à manger dans une extrême simplicité en espérant qu'ils vous donnent envie d'embarquer avec moi dans cette aventure végétale.
Manger rassemble, et dans l'élaboration de ce livre, j'ai eu la chance d'être portée par l'enthousiasme de ma famille, mes amis pour mes recettes, par Laure Aline des Éditions de La Martinière et par Guillaume Czerw, mon complice, qui avec son appareil photo rend ma cuisine plus belle.

Varier les ingrédients et les saveurs.

Pour les desserts, j'utilise des farines et des sucres variés, je recherche l'équilibre entre gourmandise et légèreté, j'utilise soit des fruits de saison, soit des fruits congelés et j'ajoute des amandes, des noisettes, des graines pour leurs nutriments et leur digestibilité.

« Petit à petit, j'ai conquis mes fils et mes ami·e·s avec cette cuisine du quotidien, juste par ses saveurs, ses odeurs, ses assaisonnements. Je ne me lasse jamais de tester encore et encore des recettes, des ingrédients, de nouvelles techniques… »

Salade
Mâche

CHOU FLEUR
CHOU ROUGE
COURGETTE

Épicerie.

Pour toutes mes recettes, j'utilise toujours les mêmes bases : du **miso**, du **tahini**, du **paprika fumé**, des **herbes fraîches** (que je conserve soigneusement enroulées dans du papier absorbant humide au réfrigérateur), du **citron** et de la **mayonnaise**.

Dans mon placard, il y a toujours une **sauce tomate** et des **tomates en cubes** en conserve.

Il y a aussi du **riz** et des **pâtes**, mais aussi de multiples céréales complètes telles que le **petit épeautre**, le **boulgour** ou l'**orge** et des pseudo-céréales comme le **quinoa** et le **sarrasin**, pleines de nutriments et tellement digestes.

Pour les protéines végétales, je me tourne vers les **lentilles** (corail, vertes, blondes, noires...), les **haricots**, les **pois chiches** et je les consomme le plus souvent possible avec des céréales afin de les rendre plus facilement assimilables.

Je varie également les farines. À côté de la **farine de blé**, j'ai toujours dans mes placards de la **farine** de **riz complet**, de **sarrasin**, de **pois chiche** ou de **châtaigne**, de la **semoule de blé** ou encore de la **fécule de maïs**.

Depuis que j'ai supprimé le sucre blanc, j'utilise du **sucre de canne**, du **sucre complet**, du **sucre rapadura** mais aussi du **miel**, du **sirop d'érable** et si l'envie m'en prend, des **dattes** ou du **sirop de dattes**.

Et, bien sûr, j'use et d'abuse de toutes les sortes de **graines** et **fruits à coque** : noix, noisettes, pistaches, amandes, noix de cajou... Je les préfère **torréfiés** et j'en ai toujours un bocal prêt. Je les **torréfie maison** en les répartissant sur une plaque recouverte de papier sulfurisé et j'enfourne à 180 °C pendant 15 minutes environ, jusqu'à ce qu'ils changent de couleur. Je remue à mi-cuisson pour éviter qu'ils ne brûlent. Les fruits à coque torréfiés se conservent plusieurs semaines dans un bocal hermétique et peuvent être consommés à tous les moments de la journée.

ハナマルキ
こうじみそ
無添加
公正
大豆と米、塩を丁寧に
仕込み、醗酵熟成させました。
まろやかな味わいの、
無添加のおみそです。
al wadi
TAHINA
454g

Au petit déjeuner, vous êtes plutôt sucré ou salé ?

Les injonctions mais aussi les incohérences autour du petit déjeuner ne manquent pas. Faut-il pratiquer le jeûne intermittent et ne rien manger, ou au contraire est-ce le repas le plus important de la journée ? Je ne vais sûrement pas trancher ce débat ici. Chacun est libre de manger ce qu'il lui plaît et de l'adapter à son mode de vie ; c'est ce que je fais au quotidien selon le temps dont je dispose et mon appétit (et ce que j'ai chez moi, bien sûr).

Mon grand-père, qui venait d'Europe de l'Est, mangeait, quand c'était la saison, des harengs au petit déjeuner. Depuis, je ne suis plus dérangée par aucune odeur le matin ni choquée par aucun mélange !

Évidemment, le granola, yaourt, fruits de saison est mon petit déj' quotidien, mais s'il reste une part de « spinach pie » ou de cake citron-ricotta, je peux facilement me laisser tenter. Et quand le petit déjeuner se transforme en brunch le week-end, en famille ou entre amis, si je mélange sucré et salé, ma préférence va clairement au salé, et plus particulièrement aux œufs sous toutes leurs formes.

Cette recette est un peu technique mais très rapide à réaliser et tout le monde l'adore, c'est un classique chez moi ! On peut l'enrichir avec du saumon, du bacon, ou même des tranches de potimarron rôti et remplacer les muffins par du pain au levain, ou même de la brioche ou de la hallah toastée.

Œufs pochés à la sauce hollandaise

PRÉPARATION : 15 MINUTES
CUISSON : 15 MINUTES

4 œufs extra-frais
2 cuil. à soupe de vinaigre
4 muffins
4 grosses poignées de pousses d'épinards ou 100 g d'épinards décongelés

Pour la sauce hollandaise

2 jaunes d'œufs
1 cuil. à soupe d'eau
150 g de beurre
Le jus d'1 citron
Sel, poivre

ASTUCE

Si la sauce fait des grumeaux, c'est que le beurre n'était pas à bonne température. Pour la récupérer, j'ajoute un peu d'eau froide et je continue à fouetter hors du feu. Dans la plupart des cas, ça fonctionne, sinon on peut toujours la passer au chinois mais c'est un peu moins bon.

Je poche les œufs 5 minutes en les cassant dans de l'eau frémissante additionnée de vinaigre. C'est un peu technique, alors, plus simplement, vous pouvez les faire cuire dans leur coquille, toujours dans de l'eau frémissante pendant 5 minutes, puis les débarrasser dans un récipient avec des glaçons pour les écailler.

Pour la sauce hollandaise, je mets les jaunes d'œufs avec l'eau dans une casserole à feu doux et je commence à fouetter bien à plat dans la casserole pour que le mélange mousse, sans cuire. Quand il est bien crémeux, j'ajoute progressivement le beurre en petits cubes tout en continuant à fouetter pour que le mélange reste bien mousseux. À la fin, je verse le jus de citron, je sale, poivre et je fouette encore, puis je sers aussitôt.

Je coupe les muffins en deux, je les toaste et, sur chacun, je pose une poignée d'épinards, un œuf poché, puis je verse la sauce.

Prête hyper rapidement et ouverte à toutes les variations, la frittata est un incontournable du petit déjeuner, surtout s'il est pris comme chez moi en ordre dispersé, chacun à une heure différente, ce qui ne manque pas d'arriver depuis que mes fils sont grands. Et si l'un d'eux se réveille plutôt à l'heure du déjeuner et qu'il en reste, elle est toujours aussi délicieuse froide ou réchauffée quelques minutes au four. Tous les légumes, et bien sûr le ketchup, peuvent être préparés à l'avance. Le ketchup épicé n'a pas besoin d'être servi tiède. Sa recette est étonnante, avec la banane qu'on ne sent pas dans le résultat final et qui donne une texture vraiment onctueuse. Les patates douces peuvent être râpées ou coupées en tranches très fines ou remplacées par de la courge ou des pommes de terre, et les blettes par des épinards ou, pour les plus aventureux, du chou vert ou du chou kale.

Frittata au cheddar & ketchup épicé

PRÉPARATION : 30 MINUTES
CUISSON : 35 MINUTES

Pour la frittata

- 1 patate douce
- 1 botte de blettes
- 2 cuil. à soupe d'huile d'olive
- 1 botte de cébettes
- 4 œufs
- 20 cl de crème liquide
- 10 cl de lait
- 1 pincée de paprika fumé (facultatif)
- Sel, poivre

Pour le ketchup épicé

- 1 oignon
- 1 gousse d'ail
- 2 cuil. à café d'huile végétale
- 2 piments ou quelques pincées de piment séché
- ½ poivron rouge
- ½ tube de concentré de tomate
- 1 banane
- 3 à 4 cuil. à soupe de vinaigre de riz
- 2 cuil. à café de sauce soja
- 2 cuil. à café de sauce poisson (facultatif)
- 1 cuil. à café de bouillon de légumes en poudre ou ½ cube
- 1 cuil. à soupe de sucre de canne (encore mieux s'il est complet pour un petit goût caramélisé)

J'épluche et je râpe la patate douce ou je la coupe en tranches très fines à la mandoline, je sale et je presse pour faire dégorger dans un torchon ou du papier absorbant.

Pendant ce temps, je lave et j'émince les blettes et je les fais revenir dans la moitié de l'huile d'olive.

J'émince les cébettes. Je bats les œufs, la crème, le lait avec du sel, du poivre, le paprika fumé et j'ajoute les cébettes.

Dans un plat allant au four ou une poêle huilée, je répartis les patates douces et les blettes avant de verser le mélange à la crème dessus. Je pose au contact un papier sulfurisé avant d'enfourner dans un four préchauffé à 180 °C ou de cuire à feu moyen à la poêle pendant 20 minutes.

Pour le ketchup, je fais revenir l'oignon et l'ail épluchés, dégermés et hachés dans l'huile végétale sans colorer avant d'ajouter les piments émincés ou séchés, le poivron épépiné et émincé, puis le concentré de tomate. J'intègre ensuite la banane écrasée, le vinaigre, la sauce soja, la sauce poisson, le bouillon et le sucre et je laisse mijoter pendant 15 minutes.

Je mixe le tout avec un mixeur plongeant ou dans un blender en ajoutant si nécessaire un peu d'eau pour obtenir la texture d'un ketchup.

Je sers la frittata chaude ou tiède avec le ketchup épicé.

ASTUCES

✓ *Cette recette fonctionne également très bien pour réaliser des galettes en ajoutant 3 cuil. à soupe de farine de riz dans la pâte et en faisant cuire 1 grosse cuil. à soupe à la fois dans une poêle, à feu vif, avec un peu d'huile végétale.*

✓ *Le ketchup épicé se marie avec des poissons, des galettes de légumes ou même simplement des légumes grillés. Une fois refroidi, il se conserve plusieurs jours au réfrigérateur dans une petite bouteille ou un bocal hermétique.*

En vacances en Grèce, nous écumons les boulangeries pour tester leur spanakopita, « spinach pie » et nous sommes arrivés à la conclusion qu'il en existe presque autant de versions que de boulangeries en Grèce. Celle qui a la préférence de mes garçons est celle-ci, ou toute variation autour, avec de la pâte filo, des épinards et de la feta. J'adore cette version roulée qui est à la fois jolie, très amusante à réaliser et qui évite à la pâte de trop se dessécher.

Spinach pie comme en Grèce

PRÉPARATION : 30 MINUTES
CUISSON : 40 À 45 MINUTES

600 g d'épinards en branches frais ou surgelés
4 cuil. à soupe d'huile d'olive
1 botte de persil
Quelques branches d'aneth
200 g de feta
3 œufs + 1 pour la dorure
2 cuil. à soupe de crème épaisse
1 paquet de pâte filo
Sel, poivre

ASTUCE

On peut aussi présenter la spanakopita dans un plat carré ou rectangulaire sans former un escargot, en posant directement sur le plat huilé 3 à 4 feuilles de filo, puis la préparation aux épinards et recouvrir de 3 feuilles pour refermer.

Je fais cuire les épinards à la poêle dans 1 cuil. à soupe d'huile d'olive sur feu moyen juste pour les faire fondre, puis je débarrasse dans une passoire ou un chinois, et je presse soigneusement les feuilles pour enlever toute l'humidité.

Je lave, je sèche et j'émince les herbes, puis les épinards, et je les mélange dans un saladier avec la feta émiettée, les œufs, la crème, du sel et du poivre.

Je préchauffe le four à 170 °C. Je verse l'huile dans un ramequin.

Je pose 1 feuille de filo à plat et je passe un pinceau avec l'huile d'olive dessus avant de poser une 2e feuille et je répartis environ un quart de la préparation aux épinards en boudin d'un côté et j'enroule la pâte filo. Je pose le boudin dans un plat à tarte ou juste un cercle.

Je renouvelle l'opération et je pose chaque boudin les uns à la suite des autres pour former un escargot.

Je bats l'œuf et je dore bien l'escargot au pinceau avant d'enfourner pour environ 40 minutes. Il faut que le dessus soit légèrement doré et un peu gonflé.

Je sers aussitôt.

En Grèce, on trouve la version pâte filo mais aussi une version avec une pâte plus proche d'une pâte brisée, très légèrement levée et que j'aime beaucoup. Ici, j'en ai fait une presque sans fromage, mais vous pouvez tout à fait y mettre un peu (ou beaucoup) plus de feta.

Spinach pie aux blettes

PRÉPARATION : 45 MINUTES
REPOS : 30 MINUTES
CUISSON : 45 MINUTES

Pour la pâte

11 g de levure sèche de boulanger
500 g de farine + pour le plan de travail
1 cuil. à café de sel
5 cl d'huile d'olive
20 cl d'eau tiède
Beurre pour le moule

Pour la garniture

350 g d'épinards frais ou 500 g congelés
1 botte de blettes
1 botte de persil
Quelques brins d'aneth et/ou feuilles de menthe
1 oignon ou 4 cébettes
2 cuil. à soupe d'huile d'olive
50 g de feta
1 œuf pour la dorure
Sel, poivre

ASTUCES

✓ *La garniture et la pâte peuvent toutes les deux être préparées à l'avance et cette spanakopita se conserve plusieurs jours au réfrigérateur et peut se manger réchauffée ou froide avec un peu de feta crémeuse (voir recette p. 139), par exemple.*

✓ *On peut ajouter des poireaux dans la garniture.*

Je mets la levure à dissoudre dans un peu d'eau tiède. Dans un grand bol, je mélange la farine avec le sel, je creuse un puits au milieu, puis je verse la levure et l'huile d'olive.

Je mélange avec une cuillère ou le crochet d'un robot pâtissier en ajoutant progressivement l'eau tiède. Lorsque j'obtiens une boule homogène, lisse et légèrement élastique, je pétris encore 1 à 2 minutes, puis je laisse reposer dans le bol huilé et couvert par un film alimentaire pendant 30 minutes.

Pendant ce temps, je rince, je sèche et j'émince les légumes et les herbes en enlevant bien la queue des feuilles d'épinards et une partie du blanc des blettes. J'épluche, je dégerme et je hache l'oignon ou les cébettes.

Je mets les épinards et les blettes à cuire quelques minutes dans une poêle avec l'huile d'olive, l'oignon, du sel et du poivre. Je débarrasse dans une passoire et je presse pour enlever le plus possible d'eau, que je réserve.

Je préchauffe le four à 170 °C.

J'étale la pâte sur un plan de travail fariné pour obtenir un rectangle deux fois plus grand que mon moule ou mon cercle et je pique la pâte avec une fourchette. Je beurre ou je chemise un moule avec une hauteur minimum de 5 cm et je dépose les deux tiers de la pâte sur le fond en la laissant un peu dépasser pour pouvoir refermer la tourte.

J'ajoute les herbes et la feta émiettée au mélange épinards-blettes et je le verse sur la pâte.

Je referme la pâte et la scelle bien sur les côtés avec l'œuf battu. Je dore soigneusement le dessus et j'enfourne pour 45 minutes.

Je sers bien chaud.

ASTUCES

✓ *Chaque garniture peut être préparée à l'avance – y compris l'omelette même si je préfère la cuire minute – et peut trouver de nombreux autres usages, faites confiance à votre imagination.*

✓ *Les shiitakés, qui sont une bonne source de protéines, doivent impérativement être mangés bien cuits car crus, ils sont terriblement allergéniques et peuvent créer des intoxications.*

Je mange de moins en moins de pain, mais un petit déjeuner autour d'un sandwich entre deux tranches de pain au levain ou juste une tartine garnie, c'est toujours un vrai plaisir.

Avec le sandwich, on peut terminer tout ce qu'il reste dans le frigo ou préparer tout ou partie des garnitures spécialement, et c'est pour moi une très bonne façon de consommer des œufs. J'utilise aussi les sauces, topping et autres pickles stockés au réfrigérateur dans des bocaux, qui, en un clin d'œil, rendent attractif un sandwich avec des légumes grillés, des galettes de légumes, une omelette… Ce sandwich avec ses oignons confits au soja, shiitakés, cheddar et quelques pousses d'épinards n'a pas fait long feu après avoir été pris en photo !

Sandwich à l'œuf

PRÉPARATION : 40 MINUTES
CUISSON : 45 MINUTES

1 grosse poignée de pousses d'épinards

2 tranches de pain au levain toastées

1 grosse poignée de cheddar râpé ou 1 ½ tranche de cheddar

Pour les oignons confits au soja

1 oignon rouge

1 cuil. à soupe d'huile d'olive

1 cuil. à café de sauce soja

Pour les shiitakés

100 g de shiitakés

1 cuil. à soupe d'huile de sésame ou d'huile d'olive

Sel, poivre

Pour l'omelette

2 œufs

1 cuil. à café de sauce soja

1 cuil. à café de mirin (facultatif)

1 cuil. à café de sucre en poudre

1 cuil. à soupe d'huile de sésame

Pour la mayonnaise piquante

1 cuil. à soupe de mayonnaise

1 cuil. à café de sauce soja

2 cuil. à café de vinaigre de riz ou de jus de citron

1 cuil. à café de sauce sriracha

1 cuil. à café de mirin

Je préchauffe le four à 170 °C.

Je lave et sèche les pousses d'épinards.

J'épluche et je dégerme l'oignon rouge, je le coupe en fines rondelles que je mélange avec l'huile et la sauce soja. J'étale dans un plat et j'enfourne pour 25 à 30 minutes en remuant toutes les 2 minutes. Il faut que les oignons soient juste confits. Je les laisse refroidir.

Je lave et je coupe en fines tranches les shiitakés, que je fais revenir à feu vif dans une poêle avec l'huile, du sel et du poivre. Je débarrasse.

Je mélange tous les ingrédients de l'omelette et je fais chauffer l'huile de sésame dans la poêle, puis je verse environ un quart de la préparation comme si je faisais des crêpes. Je laisse prendre, puis je roule dans un côté de la poêle, je renouvelle l'opération pour obtenir 1 grosse crèpe roulée composée des 4 roulés d'omelette côte à côte, que je débarrasse.

Dans un bol, je mélange tous les ingrédients pour la mayonnaise piquante.

Je peux alors préparer mon sandwich : sur 1 tranche de pain toastée, j'étale la mayonnaise piquante, je dépose les shiitakés, l'omelette, le cheddar, les oignons confits et les pousses d'épinards. J'étale un peu de mayonnaise piquante sur la tranche de pain du dessus (qui est facultative) et à table !

Je suis une inconditionnelle du Granola (bien sûr), mais aussi du porridge au lait d'amande, de noisette, de coco, ou juste à l'eau avec de la cannelle, des épices chaï, du thé vert matcha, du sirop d'érable ou de dattes… les variations autour des flocons d'avoine sont infinies.

Si j'adore les flocons d'avoine, j'aime aussi varier les céréales : après avoir essayé les flocons de différentes céréales, j'ai eu l'idée d'utiliser un reste de riz pour en faire un porridge.

Avec le riz, j'ai longtemps préparé seulement une version salée du porridge avec de la sauce soja, que j'ai partagée dans mon livre *Super nature* (Éditions de La Martinière), puis j'ai adopté cette recette sucrée toute simple, j'espère que vous l'aimerez autant que moi !

Porridge de riz (pour changer de l'avoine) à la noix de coco

PRÉPARATION : 5 MINUTES
CUISSON : 10 À 15 MINUTES

300 g de riz rond complet cuit (environ 100 g de riz cru, rincé, puis cuit selon les instructions du paquet, en général 40 minutes)

40 cl de lait de coco en boîte

2 cuil. à soupe de noix de coco râpée (facultatif)

20 cl d'eau

Épices au choix (cannelle, cardamome, poudre de tonka, mélange de Noël, épices chaï, matcha…)

Pour servir

Purée de noisettes ou d'amandes

Miel

Sirop d'érable, de dattes…

Fruits

ASTUCE

Cette recette fonctionne aussi très bien avec une boisson végétale (amande, noisette) ; dans ce cas, il faut en mettre 65 cl.

Dans une casserole, je mets le riz, le lait de coco, la noix de coco râpée et l'eau. Je mélange et je porte à ébullition avant de laisser cuire à feu doux pendant environ 15 minutes.

J'incorpore les épices avant de verser dans les bols et d'ajouter de la purée de noisettes, d'amandes ou autre, du miel ou un sirop et des fruits de saison.

C'est un peu le mélange entre la version salée d'un roulé à la cannelle et d'un pain au lait avec, à l'intérieur, du fromage et des cébettes.
On peut d'ailleurs les façonner, comme ici, roulés ou comme des buns classiques et les déguster tels quels juste tièdes ou avec un peu de fromage blanc, de yaourt, ou alors comme la base d'un sandwich avec, par exemple, en garniture des concombres finement tranchés ou en pickles.
Les cébettes et le paprika fumé donnent du caractère à cette recette ; selon les goûts, ils peuvent être remplacés par du pesto ou de la tapenade. Dans ce cas, de la feta émiettée ou de la mozzarella râpée peuvent très bien se substituer au cheddar.

Buns au fromage & cébettes

PRÉPARATION : 30 MINUTES
CUISSON : 25 MINUTES
REPOS : 2 H 45

10 g de levure sèche de boulanger
18 cl de lait tiède
1 cuil. à soupe de sucre en poudre
400 g de farine + pour le plan de travail
1 cuil. à café de sel
1 œuf
50 g de beurre pommade
Huile

Pour la garniture
4 à 6 cébettes
120 g de fromage frais type Philadelphia®
1 cuil. à café de paprika fumé
80 g de cheddar râpé

ASTUCES

✓ *Pour les rendre encore plus croustillants, on peut les dorer avec un œuf battu juste avant de les mettre au four.*

✓ *Ces buns peuvent être congelés cuits et dégustés remis à température ou crus et cuits directement en sortant du congélateur en rallongeant le temps de cuisson de 5 minutes.*

Je délaye la levure dans le lait tiède et j'ajoute le sucre avant de laisser reposer 15 à 20 minutes pour que le mélange commence à faire des bulles.

Je mets ensuite la farine et le sel dans un bol et je creuse un trou dans lequel je verse le mélange lait, levure, sucre et je casse l'œuf. Je mélange à la cuillère ou avec le crochet d'un robot pâtissier pour obtenir une pâte bien homogène, puis je pétris pendant 6 à 8 minutes.

J'ajoute alors petit à petit le beurre bien ramolli et je pétris jusqu'à ce qu'il soit entièrement intégré à la pâte et je continue à pétrir pendant 6 à 8 minutes.

Je forme une boule que je mets à reposer pendant 1 à 2 heures dans un bol préalablement huilé que je couvre avec un torchon propre.

Lorsque la pâte a doublé de volume, je l'étale sur un plan de travail fariné pour obtenir un rectangle de la taille de la plaque du four.

Je lave et émince les cébettes. Je mélange le fromage frais avec le paprika fumé et je l'étale sur la pâte avant de répartir les cébettes et le cheddar râpé.

Je roule et je coupe 7 ou 10 tronçons de taille équivalente, selon la forme souhaitée, que je dispose en rond dans un moule de 20 cm de diamètre ou que je pose en cercle sur une plaque de four préalablement huilée ou recouverte de papier sulfurisé.

Je couvre à nouveau avec le torchon propre et je laisse reposer 30 à 45 minutes.

Je préchauffe le four à 190 °C et enfourne la plaque pour 20 à 25 minutes jusqu'à ce que les buns soient bien dorés.

Boissons végétales

Comme beaucoup, je suis un peu brouillée avec le lait de vache. Je peux manger du beurre, cuisiner avec un peu de crème, ou mieux, du lait ribot, mais le matin, dans mon thé ou pour me préparer un porridge, je préfère utiliser ce qu'on appelle une « boisson végétale », c'est-à-dire une boisson réalisée à partir de fruits secs (amande, noisette, noix de cajou, noix de coco) ou de céréales (avoine, riz,...) mixés avec de l'eau et parfois parfumés.

Je me sers des boissons végétales en été pour servir des boissons fraîches avec des glaçons, et en hiver pour des boissons chaudes avec du thé matcha ou un thé noir aux épices chaï. Je m'en sers aussi en pâtisserie pour remplacer le lait de vache.

Vous pouvez les acheter dans le commerce (idéalement sans sucre ajouté) mais rien de plus facile et délicieux que de les faire soi-même. C'est écologique (pas de transport ni d'emballage), antigaspi, et cela permet de choisir une texture plus ou moins fluide ! Pour un meilleur résultat, je vous conseille d'investir dans un « sac à lait végétal » (entre 5 et 10 €) pour filtrer plus facilement l'okara, c'est-à-dire la pulpe des fruits secs.

Boisson avoine et fruits secs

PRÉPARATION : 5 MINUTES
TREMPAGE DES NOIX : 12 HEURES MINIMUM
CONSERVATION : 1 SEMAINE

40 g de noix de votre choix (cajou, pécan). Vous pouvez faire moitié-moitié cajou et pécan, ou associer l'une des noix à un autre fruit sec, comme la noisette ou l'amande

Quelques dattes dénoyautées (facultatives mais tellement délicieuses)

1 litre d'eau fraîche

80 g de flocons d'avoine

La veille, je mets à tremper les noix dans de l'eau pendant 12 heures minimum, puis je les égoutte.
Je mixe les noix avec les dattes et un peu d'eau dans un blender suffisamment puissant pendant 45 secondes. J'ajoute 50 cl d'eau et je mixe de nouveau. J'ajoute enfin les flocons d'avoine et le reste d'eau et je mixe 20 à 30 secondes.
Je filtre et je mets en bouteille. Je conserve ma boisson végétale au frais pendant 1 semaine maximum.

Vitamix

Boisson avoine

PRÉPARATION : 5 MINUTES
TREMPAGE DES NOIX : 12 HEURES MINIMUM
CONSERVATION : 1 SEMAINE

35 g de noix de cajou
2 ou 3 dattes dénoyautées
1 litre d'eau fraîche
80 g de flocons d'avoine

La veille, je mets à tremper les noix de cajou pendant 12 heures minimum, puis je les égoutte. Je mixe les noix avec les dattes et un peu d'eau dans un blender suffisamment puissant pendant 45 secondes. J'ajoute ensuite 50 cl d'eau et je mixe de nouveau. J'ajoute enfin les flocons d'avoine et je mixe 20 à 30 secondes. Je mets en bouteille et je conserve au frais pendant 1 semaine maximum.

Boisson noix de coco

PRÉPARATION : 5 MINUTES
CONSERVATION : 1 SEMAINE

160 g de noix de coco râpée
Quelques dattes dénoyautées (facultatif)
1 pincée de sel
80 cl à 1 litre d'eau fraîche selon la texture souhaitée
1 cuil. à soupe d'huile de coco (facultatif)

Je mets la noix de coco râpée, les dattes, le sel et l'eau dans un blender suffisamment puissant et je mixe pendant 2 minutes. Je vérifie la texture et j'allonge si nécessaire avec un peu d'eau. Je filtre avant de verser dans une bouteille et de stocker au frais pendant 1 semaine maximum.
Pour une texture plus crémeuse, je réduis la quantité d'eau et j'ajoute 1 cuil. à soupe d'huile de coco.

Boisson amande

PRÉPARATION : 5 MINUTES
TREMPAGE DES AMANDES : 12 HEURES MINIMUM
CONSERVATION : 1 SEMAINE

120 g d'amandes
1 litre d'eau fraîche selon la texture souhaitée
Quelques dattes dénoyautées (facultatif)
1 pincée de sel

La veille, je mets à tremper les amandes dans de l'eau pendant au moins 12 heures, puis je les égoutte. Je mixe les amandes avec 15 cl d'eau, les dattes et le sel pendant 2 minutes dans un blender suffisamment puissant. Je verse le reste d'eau et je mixe de nouveau. Je vérifie la texture et j'ajoute de l'eau si nécessaire pour obtenir la texture souhaitée. Je filtre et je verse dans une bouteille avant de conserver au frais pendant 1 semaine maximum.

Pour varier les saveurs, cette recette peut être réalisée avec la même quantité de noisettes ou de noix de cajou.

PYREX
1½ PINTS
28
24
1 PINT
16
12
8 fl. oz.
½ PINT
Approx.
Capacities

C'est une recette de granola (si, si), mais au lieu d'avoir une base de flocons d'avoine, j'ai utilisé des pétales de sarrasin que l'on trouve dans le commerce et qui sont simplement de la farine de sarrasin et de l'eau cuites dans une forme de pétale (comme un corn-flake…).

Avec du fromage blanc, un yaourt, des fruits, ce granola est un petit déjeuner 100 % healthy car vegan et sans gluten mais quand même très gourmand. La meilleure preuve reste la vitesse à laquelle se vide mon bocal quand j'en prépare ! Chaque fois que je passe devant, je pioche quelques pétales que je mange tels quels au creux de la main.

Granola aux pétales de sarrasin & noix de coco

PRÉPARATION : 20 MINUTES
CUISSON : 35 À 40 MINUTES

100 g d'amandes
60 g de noisettes
200 g de pétales de sarrasin
85 g de noix de coco râpée
50 g de graines de tournesol
40 g de graines de courge
100 g d'huile de coco
100 g de sirop d'érable
1 pincée de sel

ASTUCE

Surveillez bien la cuisson, car la noix de coco râpée peut facilement brûler.

Je préchauffe le four à 140 °C.

Je hache grossièrement les amandes et les noisettes au couteau.

Dans un saladier, je mélange les pétales de sarrasin, la noix de coco, les amandes, les noisettes et les graines.

Dans une casserole, je fais chauffer l'huile de coco avec le sirop d'érable et le sel jusqu'à obtenir un début d'ébullition.

Je verse le liquide chaud dans le saladier de céréales et graines et je mélange pour bien enrober tous les ingrédients avant de les étaler sur une plaque de four recouverte de papier sulfurisé et d'enfourner pour 40 minutes.

Pendant la cuisson, je brasse le mélange toutes les 10 minutes pour qu'il soit uniformément cuit.

À la sortie du four, je laisse complètement refroidir le granola avant de le déguster ou de le stocker dans un bocal hermétique.

J'ai testé de multiples variantes de cette recette, notamment avec des flocons d'avoine, mais celle-ci a clairement la préférence de mes enfants avec son côté un peu friable et son bon goût de beurre. C'est le vrai scone anglais (ou du moins l'idée que je m'en fais).

Ces scones, je les adore nature, aux raisins ou avec des dés de dattes ou d'abricot, et ils peuvent être congelés et réchauffés à la demande en les passant quelques minutes au four à 180 °C. Je les préfère tièdes à la sortie du four ou coupés en deux et toastés.

Scones

POUR 12 SCONES ENVIRON
PRÉPARATION : 15 MINUTES
CUISSON : 15 À 20 MINUTES

200 g de farine blanche ou semi-complète

1 sachet de levure chimique (11 g)

20 g de sucre de canne ou complet

50 g de beurre

15 cl de lait (de vache, végétal ou lait ribot)

80 g de raisins secs

Pour la dorure

1 œuf

ASTUCE

Les scones peuvent être congelés crus ou cuits et il est possible d'en faire une version salée en remplaçant le sucre par du cheddar râpé.

Je préchauffe le four à 180 °C.

Je mélange du bout des doigts ou avec un robot pâtissier la farine, la levure, le sucre et le beurre bien froid coupé en petits morceaux avant d'ajouter le lait, puis les raisins.

J'étale la pâte obtenue sur une épaisseur de 3 à 4 cm, puis je détaille les scones avec un emporte-pièce rond de 5 cm de diamètre. Je les dépose au fur et à mesure sur une plaque de cuisson recouverte de papier sulfurisé.

Je dore avec l'œuf battu à l'aide d'un pinceau et j'enfourne pour 15 à 20 minutes pour que les scones soient dorés mais pas trop colorés.

À la sortie du four, je les laisse refroidir sur une grille avant de les consommer nature ou avec de la confiture.

Des recettes de muffins aux myrtilles, il en existe énormément ! J'ai adopté celle-ci que je trouve simple et qui est toujours réussie. Le topping fait vraiment la différence mais il reste facultatif.

Si 12 muffins vous semblent trop, vous pouvez les congeler cuits ou même crus dans le moule et les cuire à la demande.

Muffins aux myrtilles

PRÉPARATION : 15 MINUTES
CUISSON : 12 À 15 MINUTES

120 g de sucre de canne
Le zeste d'1 citron bio
3 œufs
8 cl d'huile végétale neutre (pépins de raisin, colza désodorisée)
60 g de crème épaisse
270 g de farine
1 sachet de levure chimique (11 g)
200 g de myrtilles fraîches ou décongelées et égouttées
2 cuil. à soupe de graines de tournesol
2 cuil. à soupe de graines de courge
Beurre pour les moules

Je préchauffe le four à 180 °C.

Au batteur électrique, je fouette le sucre avec le zeste de citron finement râpé pour libérer les arômes. J'ajoute les œufs un à un et je continue de fouetter jusqu'à ce que le mélange blanchisse et double de volume.

J'incorpore l'huile, la crème, puis la farine, la levure et les myrtilles.

Je répartis la pâte dans des moules à muffins préalablement beurrés, je saupoudre avec les graines et j'enfourne pour 12 à 15 minutes.

À la sortie du four, je laisse refroidir sur une grille avant de servir ces muffins complètement refroidis.

Je suis une fan des *cinnamon rolls*, une pâtisserie traditionnelle suédoise du fika, la pause café. Le goût de cannelle peut être plus ou moins prononcé selon qu'on l'utilise simplement pour le remplissage des brioches et le sirop, comme ici, ou qu'on la fasse infuser 5 minutes dans le lait.

J'adore cette technique de cuisson dans un moule qui est très facile et qui donne un résultat gourmand, mais on peut également les faire cuire dans des moules à muffins.

Buns à la cannelle

PRÉPARATION : 40 MINUTES
REPOS : 2 H 35
CUISSON : 40 MINUTES

15 cl de lait
350 g de farine + pour le plan de travail
25 g de sucre de canne
1 cuil. à café de levure de boulanger
½ cuil. à café de sel
1 œuf
35 g de beurre pommade
Huile pour le moule

Pour la garniture
50 g de dattes dénoyautées
50 g de sucre de canne (ou complet pour un résultat plus corsé)
2 cuil. à café de cannelle en poudre

Pour le sirop
5 cl d'eau
50 g de sucre en poudre
2 cuil. à café de cannelle en poudre

Je fais chauffer le lait dans une petite casserole que je retire du feu juste avant l'ébullition et je réserve.

Dans un saladier, je mélange la farine avec le sucre, puis j'ajoute, d'un côté la levure, de l'autre le sel, et au milieu l'œuf préalablement battu. Je mélange avec une grande cuillère, une spatule ou le crochet d'un robot pâtissier, j'ajoute le lait tiédi, puis je pétris à vitesse lente pendant 5 minutes.

Je laisse reposer 10 minutes, puis j'incorpore le beurre pommade et je pétris à nouveau pendant 5 minutes. La pâte doit être assez humide et élastique, j'en fais une boule que je laisse reposer 1 à 2 heures dans un saladier huilé et recouvert d'un torchon propre ou d'un film alimentaire.

Pendant ce temps, je prépare la garniture en mélangeant les dattes réduites en pâte, le sucre et la cannelle en poudre, je réserve.

Une fois la pâte reposée, je la pose sur un plan de travail fariné, j'enlève l'air et je l'étale au rouleau à pâtisserie sur une épaisseur de 3 à 4 mm. J'étale la garniture uniformément sur toute la surface et je roule la pâte pour obtenir un rouleau que je découpe dans sa longueur en 7 morceaux de taille égale. Je range 6 morceaux en rond avec le 7e au milieu dans un moule de 20 cm de diamètre préalablement huilé.

Je laisse à nouveau reposer 30 à 35 minutes dans le moule.

ASTUCES

✓ *J'adore remplacer la cannelle par un mélange indien de thé noir et d'épices chaï. Chacun a son mélange chaï, toujours sur une base de thé noir, avec du gingembre, de la cannelle et de la cardamome. C'est ma boisson du matin, chaude ou froide selon les saisons, délicatement parfumée, à laquelle j'ajoute juste un peu de lait. On peut faire son mélange soi-même ou l'acheter tout prêt.*

✓ *Ces buns se congèlent sans le sirop, que l'on ajoutera après décongélation.*

Je préchauffe le four à 200 °C, puis j'enfourne pour 30 à 35 minutes.

Pendant ce temps, je prépare le sirop en faisant chauffer l'eau avec le sucre et la cannelle dans une petite casserole. À ébullition, je laisse infuser 3 à 5 minutes avant de filtrer et de réserver.

Quelques minutes après la sortie du four, je glace généreusement les buns au pinceau avec le sirop et je laisse refroidir avant de servir tiède ou froid.

À mi-chemin entre le New York cheesecake au *cream cheese* bien dense et le cheesecake japonais aérien et assez technique à réaliser, j'ai adopté cette recette simple et efficace.

On peut ajouter un fond avec des biscuits mixés avec un peu de beurre ou, comme ici, ne pas en faire, c'est plus léger. Tout dépend de votre goût, je trouve les deux délicieux. On peut aussi personnaliser cette recette avec du thé vert matcha ou de la pâte de sésame noir, mais, pour ma part, j'aime la simplicité de cette recette avec juste un petit twist de citron.

Le cheesecake... au yaourt

PRÉPARATION : 20 MINUTES
CUISSON : 40 À 45 MINUTES

5 œufs moyens ou 4 gros
1 pincée de sel
100 g de sucre de canne
1 citron bio (zeste et jus)
400 g de yaourt grec entier
3 cuil. à soupe de fécule de maïs
Beurre pour le moule

ASTUCE

J'utilise toujours un moule à charnière dont je chemise le fond avec un papier sulfurisé, que je découpe au diamètre du moule, pour pouvoir plus facilement le démouler.

Je préchauffe le four à 170 °C.

Je sépare les blancs des jaunes d'œufs et monte les blancs en neige avec 1 pincée de sel pour qu'ils soient bien fermes (serrés) mais lisses.

Dans un autre récipient, je mélange au batteur électrique le sucre avec le zeste de citron finement râpé, puis j'ajoute les jaunes d'œufs et je fouette jusqu'à ce que le mélange blanchisse et soit bien mousseux. Je réduis la vitesse et j'intègre le yaourt, la fécule et le jus de citron pour obtenir une crème bien lisse.

J'incorpore délicatement les blancs en neige avec une Maryse pour ne pas les casser, puis je verse la pâte dans un moule de 20 cm de diamètre préalablement beurré.

J'enfourne pour 40 à 45 minutes. Le dessus doit être légèrement coloré et le gâteau doit avoir monté comme un soufflé — il va retomber à la sortie du four, c'est normal.

Je le laisse complètement refroidir avant de le servir.

Il est un peu plus humide que la recette que je faisais avant, je l'avais même trouvé pas très présentable et l'avais laissé dans la cuisine un week-end où je n'étais pas là. Tout à coup, je reçois un SMS d'un de mes fils : « Il est EXCELLENT le cake à la banane. » Quel enthousiasme ! Il ne m'en a pas fallu plus pour l'adopter et me donner envie d'en partager ici la recette.

Le *banana bread* chocolat-noisette

PRÉPARATION : 20 MINUTES
CUISSON : 1 HEURE

3 bananes bien mûres (350-380 g)
+ 1 banane pour décorer

100 g de sucre cassonade

2 œufs

125 g de yaourt grec

1 cuil. à soupe de purée de noisettes

70 g de beurre fondu + pour le moule

180 g de farine (blanche ou demi-complète)

1 sachet de levure chimique (11 g)

75 g de pépites de chocolat

25 g de noisettes

ASTUCE

Si vous avez des bananes très mûres, vous pouvez les mettre au réfrigérateur, la peau deviendra toute noire mais la banane sera juste mûre et non pourrie. Ce cake peut être congelé entier ou en parts.

Je préchauffe le four à 170 °C.

J'épluche les 3 bananes et les écrase à la fourchette dans un bol.

Dans un saladier, je fouette le sucre et les œufs jusqu'à ce que le mélange blanchisse, puis j'ajoute le yaourt, la purée de noisettes, le beurre préalablement fondu, les bananes écrasées, et enfin la farine mélangée avec la levure.

J'intègre ensuite les pépites de chocolat avant de verser la pâte dans un moule à cake beurré ou chemisé avec du papier sulfurisé.

J'épluche et je coupe la dernière banane dans le sens de la longueur, je pose les deux moitiés sur le dessus du cake, puis je répartis les noisettes torréfiées et grossièrement concassées.

J'enfourne pour au moins 1 heure. Le cake est cuit lorsque la pointe d'un couteau en ressort sèche.

À la sortie du four, je le laisse refroidir sur une grille.

Ce cake se conserve 3 à 4 jours bien filmé, mais c'est le jour de sa cuisson qu'il est le meilleur avec son intérieur moelleux et son dessus bien croustillant.

Ce gâteau à la texture délicate peut être préparé avec de l'orange, du citron ou un mélange d'agrumes, mais je préfère la recette « originale » pour l'association de l'orange et de la farine de maïs. C'est un gâteau sans gluten que je préfère aussi à la poudre de pistaches, mais celle-ci peut être remplacée par de la poudre d'amandes ou de noisettes.

Je l'adore au petit déjeuner, nature, avec un yaourt de brebis légèrement acidulé, qui tranche avec sa douceur, ou avec une compotée de fruits d'automne.

Gâteau à la farine de maïs & à l'orange

PRÉPARATION : 20 MINUTES
CUISSON : 35 À 40 MINUTES

4 œufs moyens ou 3 gros
140 g de sucre de canne
1 orange bio (zeste et jus)
110 g de beurre pommade ou fondu + pour le moule
225 g de poudre de pistaches
115 g de farine de maïs
1 sachet de levure chimique (11 g)
1 pincée de sel
Sucre glace pour décorer (facultatif)

ASTUCE

Il ne faut pas confondre « semoule », « farine » et « fécule », qui ont chacune leur texture et leurs propriétés. La semoule, qu'on appelle souvent « polenta », se différencie par sa granulométrie : elle est moulue moins finement que la farine. La différence entre la farine et la fécule est liée à leur composition : la fécule ne contient pas le germe et l'enveloppe du grain mais juste l'amidon, ce qui donne une poudre plus fine, constituant un excellent liant (pour alléger une pâte à cookies, à crêpes ou un clafoutis, par exemple).

Je préchauffe le four à 170 °C.

Je sépare les blancs des jaunes d'œufs et je monte les blancs au fouet électrique avec la moitié du sucre jusqu'à ce qu'ils soient bien fermes, puis je réserve.

Toujours avec le fouet électrique, je mélange le zeste d'orange finement râpé avec l'autre moitié du sucre pour libérer les arômes, puis j'ajoute le beurre et je fouette avant d'incorporer les jaunes d'œufs un par un en raclant bien les parois du bol à chaque fois.

Je fouette jusqu'à ce que le mélange blanchisse, puis j'incorpore la poudre de pistaches, la farine, la levure, le sel, la moitié du jus d'orange, puis délicatement à la Maryse les blancs en neige.

Je verse la pâte dans un moule de 20 cm de diamètre préalablement beurré et j'enfourne pour 35 à 40 minutes.

À la sortie du four, je verse le reste de jus d'orange sur le gâteau encore chaud avant de le démouler sur une grille et de le laisser complètement refroidir.

Je le saupoudre de sucre glace avant de servir.

Je suis depuis toujours à la recherche de la recette du cake au citron parfait. J'ai testé un simple quatre-quart, un gâteau au yaourt, une variante avec de la poudre d'amandes, de la farine de sarrasin, des graines de pavot (ou pas), du zeste, du jus, les deux… les combinaisons sont infinies. Et puis, un jour, j'ai lu une recette de gâteau à l'orange italien avec de la ricotta et je l'ai adaptée avec du zeste, du jus, un « sirop » léger, et même un glaçage qui donne bien le goût du citron. Le matin, avec un yaourt, des fruits, un thé, c'est un vrai bonheur !

Pour cette photo, j'ai utilisé une forme de moule un peu sophistiquée, mais vous pouvez le faire dans un moule à cake ou un moule à gâteau de 20 cm de diamètre, il sera tout aussi délicieux.

Cake au citron & ricotta

PRÉPARATION : 30 MINUTES
CUISSON : 45 À 50 MINUTES

180 g de sucre de canne
2 citrons bio (jus et zeste)
4 œufs moyens ou 3 gros
150 g de ricotta
15 cl de lait
15 cl d'huile d'olive + pour le moule
300 g de farine
1 sachet de levure chimique (11 g)

Pour le sirop
Le jus de 2 citrons
2 cuil. à soupe de sucre glace

Pour le glaçage
70 g de sucre glace
1 cuil. à soupe d'huile d'olive
3 cuil. à soupe de jus de citron

ASTUCE

À la sortie du four, avant de verser le sirop, faites quelques trous sur le dessus du cake avec un spaghetti pour ne pas laisser de trace et que le cake soit bien imprégné.

Je préchauffe le four à 170 °C.

Dans un saladier, je fouette le sucre et les zestes de citron finement râpés pour bien faire ressortir leurs arômes, puis j'ajoute les œufs et je fouette, idéalement avec un batteur électrique pour que le mélange blanchisse et triple de volume, soit pendant environ 3 minutes.

Dans un autre saladier, je mélange la ricotta avec le lait pour éviter les grumeaux.

Je baisse la vitesse du fouet et j'ajoute en filet l'huile d'olive dans la première préparation, puis le mélange lait-ricotta, la farine et la levure, et à la fin le jus de citron sans cesser de fouetter.

Je verse la pâte dans un moule préalablement huilé et j'enfourne pour 45 à 50 minutes. Le cake est cuit lorsque la pointe d'un couteau en ressort sèche.

Dans un bol, je prépare le sirop en mélangeant le jus de citron et le sucre glace. À la sortie du four, quand le cake est encore chaud dans son moule, je verse le sirop dessus et je laisse refroidir 5 minutes avant de démouler sur une grille.

Lorsque le cake est froid, je mélange le sucre glace, l'huile d'olive et le jus de citron et je verse le glaçage sur le dessus du cake.

Ce cake se conserve 3 à 4 jours et le parfum de citron devient plus intense au fil du temps.

Vous serez plutôt team apéritif ou en-cas salé ?

Parce que je ne veux pas sacrifier le plaisir de voir mes amis pour ma vie professionnelle, afin de gagner du temps, je fais très souvent un apéritif copieux et pas d'entrée lorsque j'organise un dîner à la maison.

Je varie les tartinades et, pour les dips, je propose des crackers, du pain ou des crudités. À côté des classiques comme le houmous (ma recette préférée est le houmous magique de l'épicerie *L'Idéal* de Julia Sammut), le guacamole (que j'aime très citronné avec des cébettes, de la coriandre, du cumin, du paprika fumé et du piment), le ktipiti ou tzatziki bien sûr, je continue à tester des nouveautés en essayant de servir un apéritif coloré.

J'ai très souvent un reste de tartinade dans le réfrigérateur que je dippe directement dans le bol si je n'ai pas eu le temps de déjeuner ou pour relever le goût d'un sandwich, accompagner une salade ou des œufs.

Apéritif ou en-cas salé, les légumes et légumineuses font merveille !

Ni vraiment houmous, ni vraiment pesto, cette tartinade de carotte est un peu un mélange des deux. C'est la recette idéale pour faire deviner à vos amis les ingrédients qui la composent.

Tartinade de carotte & graines de courge

PRÉPARATION : 10 MINUTES
CUISSON : 15 MINUTES

300 g de carottes
100 g de pois chiches cuits
40 g de graines de courge torréfiées
Le jus d'1 citron
1 pincée de piment chipotle
ou 1 cuil. à café de paprika fumé
+ un peu de piment en poudre
2 cuil. à soupe d'huile d'olive
Sel, poivre

Pour servir
Huile d'olive
Herbes fraîches

ASTUCES

✓ *Pour torréfier les graines de courge, passez-les 15 minutes au four à 160 °C. Elles vont souffler légèrement.*

✓ *On peut également passer les carottes cuites quelques minutes sous le gril du four pour renforcer le côté un peu fumé de cette recette.*

J'épluche et je coupe les carottes en tronçons. Je les mets à cuire dans un grand volume d'eau salée pendant une quinzaine de minutes ; il faut qu'elles soient bien fondantes. Je les égoutte et je réserve un peu d'eau de cuisson.

Je rince bien les pois chiches.

Je mets tous les ingrédients dans un bol et je mixe, scit avec un robot à hélice, soit avec un mixeur plongeant pour obtenir un mélange pas trop lisse. J'ajoute si nécessaire en mixant un peu de liquide de cuisson des carottes.

Je réserve au frais et je sers avec un filet d'huile olive et un peu d'herbes fraîches sur le dessus.

Pendant longtemps, j'ai acheté du labné déjà prêt à consommer parce que je pensais que c'était trop compliqué d'en faire soi-même et qu'il fallait un matériel spécifique. Et puis, un jour que j'avais un dîner le lendemain et pas le temps d'aller en acheter, j'ai décidé de me lancer… c'est tellement facile et délicieux !

Labné

PRÉPARATION : 5 MINUTES
RÉFRIGÉRATION : 8 À 12 HEURES

500 g de yaourt nature
(ou la quantité souhaitée)
Sel, poivre

Je verse le yaourt nature dans une passoire très fine que je pose sur un bol et je mets au réfrigérateur pour la nuit ou la journée, au moins pour 8 heures.

Je débarrasse le labné dans un bol et je fouette avec du sel et du poivre en ajoutant un tout petit peu de liquide qui s'est égoutté dans le bol s'il est trop sec.

Je sers avec un filet d'huile d'olive, du sumac ou du zaatar, du persil frais...

Une fois fouetté, le labné se conserve plusieurs jours au réfrigérateur.

Je n'aime pas trop les brocolis vapeur et je ne les aime pas vraiment non plus juste poêlés… c'est pourtant un légume bourré de vitamines. J'ai découvert que le pied, une fois épluché, se mange et qu'il a un goût très agréable. Lorsque c'est la saison, j'adore les broccolini, mais la tête des brocolis restait un souci.

Cette recette de « pesto » que je sers en tartinade m'a réconciliée avec ce légume. On peut la déguster telle quelle ou s'en servir pour assaisonner des pâtes ou accompagner des légumes vapeur.

Tartinade toute verte au brocoli

PRÉPARATION : 10 MINUTES
CUISSON : 6 MINUTES

1 tête de brocoli
1 gousse d'ail (facultatif)
1 botte de basilic frais
2 cuil. à soupe de noix de cajou torréfiées ou de pignons de pin
5 cl d'huile d'olive
1 cuil. à soupe de jus de citron
Sel, poivre du moulin

ASTUCES

✓ *Je fais cuire le brocoli à l'eau et je le débarrasse ensuite dans de l'eau glacée afin de garder sa couleur et d'obtenir une tartinade bien verte.*

✓ *On peut varier les herbes utilisées pour cette recette et tester avec de la coriandre ou de l'aneth.*

✓ *On peut également ajouter des épices comme le paprika ou une pointe de piment, et avec la coriandre, un peu de poudre de curry.*

Je rince le brocoli et je le détaille en fleurettes. J'épluche et je dégerme l'ail si j'en utilise. Je lave, sèche et effeuille le basilic.

Je fais bouillir de l'eau que je sale et j'y plonge les fleurettes de brocoli pour 6 minutes. J'égoutte et je débarrasse les fleurettes dans un bol d'eau avec des glaçons.

Je mixe dans un blender ou au mixeur plongeant les noix de cajou ou les pignons avec l'huile d'olive, puis j'ajoute le brocoli, les feuilles de basilic, l'ail, le jus de citron, du sel et du poivre et je mixe pour obtenir une pâte bien lisse.

Je sers bien frais avec un filet d'huile d'olive et un peu de poivre du moulin.

Tartinade au persil comme dans les Cyclades

PRÉPARATION : 10 MINUTES

1 grosse botte de persil
1 oignon vert ou ½ oignon rouge
1 cuil. à soupe de câpres
1 tranche de pain rassis
Le jus d'1 citron
1 cuil. à soupe de vinaigre de cidre ou de vin
2 cuil. à soupe d'huile d'olive
Sel, poivre

Je lave, sèche et effeuille le persil. J'épluche l'oignon. J'égoutte les câpres.

Je mixe tous les ingrédients ensemble avec du sel et du poivre et je sers avec un filet d'huile d'olive.

Crackers à l'avoine

PRÉPARATION : 15 MINUTES
REPOS : 30 MINUTES
CUISSON : 30 À 40 MINUTES

100 g de flocons d'avoine
50 g de graines de courge
50 g de graines de tournesol
40 g de graines de sésame
3 cuil. à soupe de graines de chia
3 cuil. à soupe de graines de pavot
1 cuil. à soupe d'huile d'olive
2 cuil. à café de sirop d'érable
1 cuil. à café de sel

ASTUCES

✓ *Au paprika, au curry, au zaatar (attention de ne pas en mettre trop car à la cuisson, il peut devenir un peu amer à cause du sumac), aux olives ou au pesto… n'hésitez pas à varier les parfums.*

✓ *Pour renforcer le côté salé, on peut mettre un peu de cristaux ou de gros sel sur le dessus avant cuisson.*

Je mets tous les ingrédients dans un bol et je mélange en ajoutant 17,5 cl d'eau jusqu'à ce que toute la préparation soit imprégnée d'eau. Je laisse reposer 30 minutes à température ambiante.

Je préchauffe le four à 170 °C. Je verse la préparation en boule sur un papier sulfurisé, je pose une seconde feuille sur le dessus, puis j'étale avec un rouleau à pâtisserie pour obtenir une épaisseur de 3 à 5 mm.

J'enlève le papier du dessus, je fais glisser le tout sur une plaque de cuisson et j'enfourne pour 15 à 20 minutes jusqu'à ce que le dessus soit uniformément doré. Je retourne les crackers sur un papier sulfurisé propre ou sur la plaque du four huilée et je fais cuire l'autre côté la même durée pour qu'il soit également doré.

À la sortie du four, je laisse refroidir, puis je concasse pour réaliser des crackers qui se conservent plusieurs jours dans une boîte hermétique.

C'est une alternative au ktipiti, peut-être un peu plus sophistiquée. La recette originale est aux cerneaux de noix, mais comme personne n'en mange chez moi, je les remplace par des amandes, des noix de cajou ou des noix de pécan selon ce que j'ai dans mon placard. La mélasse de grenade se trouve assez facilement dans les épiceries orientales ou sur Internet, mais vous pouvez utiliser un vinaigre balsamique si vous n'en trouvez pas.

Cette sauce accompagne des légumes ou entre dans un sandwich avec du halloumi grillé et de la salade, par exemple.

Muhammara aux poivrons rouges

PRÉPARATION : 15 MINUTES
CUISSON : 40 MINUTES

2 poivrons rouges ou 1 bocal de poivrons cuits de 325 g

80 g de cerneaux de noix (ou amandes ou noix de cajou ou noix de pécan)

1 tranche de pain au levain ou 35 g de chapelure

3 cuil. à café d'huile d'olive

2 cuil. à café de mélasse de grenade

1 pincée de piment en flocons

1 cuil. à café de paprika (ou de cumin ou un mélange des deux)

2 cuil. à soupe de jus de citron

1 cuil. à soupe de tahini (facultatif)

Sel, poivre

ASTUCE

Cette recette est délicieuse avec des crudités ou servie sur une petite feuille de salade.

Si j'utilise des poivrons frais, je les mets à griller au four à 190 °C pendant 40 minutes, et à la sortie du four, je les épluche, je les coupe en deux et je les égraine. S'il s'agit d'un bocal, je les égoutte simplement.

Je mets tous les ingrédients dans un bol et je mixe ou j'utilise un mixeur plongeant pour obtenir un mélange pas trop lisse. Je vérifie l'assaisonnement en sel et poivre.

Je réserve au frais jusqu'au moment de servir.

C'est la recette bluffante prête en 5 minutes et qui marche à tous les coups !
En plus, elle permet de finir des pitas qui ont un peu séché.

Avec des tartinades, pour accompagner une salade ou une soupe, elles restent croustillantes plusieurs jours dans une boîte hermétique.

Chips de pita au zaatar

PRÉPARATION : 5 MINUTES
CUISSON : 10 MINUTES

3 pitas
4 cuil. à soupe d'huile d'olive
1 cuil. à soupe de zaatar

Je préchauffe le four à 170 °C.

Je coupe les pitas en triangles comme des parts de tarte avec des ciseaux et les mets dans un saladier. Je les enrobe d'huile d'olive et de zaatar. Il faut juste les enrober, pas besoin qu'elles soient détrempées avec l'huile d'olive.

Je les répartis sur une plaque de four huilée ou recouverte de papier sulfurisé et j'enfourne pour une dizaine de minutes.

Je laisse complètement refroidir avant de servir ces chips bien croustillantes.

Cette recette est parfaite pour un apéritif finger food ou pour une entrée raffinée sur de la salade ou des tranches de tomate. Et s'il en reste, hop ! au four avec un petit coulis de tomates et du parmesan !

Aubergine rolls au chèvre & basilic

PRÉPARATION : 40 MINUTES
CUISSON : 15 À 30 MINUTES SELON LA TAILLE DU GRIL ET LE NOMBRE DE FOURNÉES

2 aubergines
6 cuil. à soupe d'huile d'olive
½ botte de coriandre ou quelques brins d'aneth
½ botte de persil
½ botte de ciboulette
1 pincée de piment en poudre (facultatif)
250 g de chèvre frais
Sel, poivre

Pour la sauce « ranch » verte

100 g de crème épaisse
5 cl de lait ribot
½ botte de coriandre ou quelques brins d'aneth
½ botte de persil
½ botte de ciboulette
1 gousse d'ail (facultatif)
2 cuil. à soupe d'huile d'olive
1 ½ cuil. à soupe de jus de citron vert
1 cuil. à café de moutarde
Sel, poivre

ASTUCE

On peut servir ces aubergines avec des graines de grenade ou des framboises pour ajouter un peu de fraîcheur.

J'enlève les extrémités des aubergines, puis je coupe des tranches dans le sens de la longueur d'environ 5 mm d'épaisseur. Je les huile de chaque côté avec un pinceau, je sale, je poivre, je les dépose sur une plaque de cuisson huilée et je les passe au gril pendant 3 à 5 minutes pour qu'elles soient bien fondantes. Je débarrasse sur un papier absorbant.

Je mixe les herbes lavées avec 2 cuil. à soupe d'huile d'olive, du sel, du poivre et du piment et je les mélange au chèvre frais.

Je tartine un peu de chèvre aux herbes sur chaque tranche d'aubergine avant de la rouler sur elle-même et de la ranger dans un plat que je réserve au frais jusqu'au moment de servir.

Pour la sauce « ranch » verte, je mixe tous les ingrédients avec un mixeur plongeant ou un blender et je la sers à part.

Au déjeuner, vous êtes plutôt sur place ou à emporter ?

J'ai du mal à me passer de déjeuner. Au bureau, j'essaie d'apporter une lunchbox et à la maison, d'assembler les restes de mon réfrigérateur. Une soupe, une salade, des galettes, un sandwich, un bento, froid ou chaud, du moment que c'est vite fait !

J'évite quand même de déjeuner tous les jours sur mon bureau pour garder ce temps de pause et, le week-end, j'essaie d'en faire un vrai moment de convivialité.

Préparer soi-même son déjeuner, chaud ou froid selon les saisons, et avec une bonne sauce (que je mets à part dans un petit bocal en verre), c'est vite fait et cela permet d'éviter les plats industriels, les sandwichs et les sushis, ou du moins ça rend leur consommation moins fréquente. À essayer et à adopter bien sûr !

Cette soupe est plus adaptée pour un plat complet que pour une entrée, puisqu'elle contient une source de protéines végétales et des céréales complètes pour bien les assimiler. Pour la transformer en entrée, vous pouvez tout à fait supprimer les pois chiches et le riz.

La « crème » de courgette peut être utilisée telle quelle pour assaisonner des pâtes ou du riz.

Soupe de pois chiches, yaourt & basilic

PRÉPARATION : 30 MINUTES
CUISSON : 20 MINUTES

2 courgettes
2 cuil. à soupe d'huile d'olive
1 citron bio (jus et zeste, facultatif)
1 bouquet de basilic
1 cuil. à soupe de bouillon de légumes en poudre ou 1 cube
70 cl d'eau
1 jaune d'œuf
1 cuil. à soupe de fécule de maïs
250 g de yaourt grec
120 g de pois chiches cuits
50 g de riz complet cuit
Sel, poivre

ASTUCE

Lorsque ce n'est plus la saison des courgettes, j'utilise pour la crème 200 g de petits pois surgelés et je remplace le basilic par de la coriandre ou de la menthe.

Je râpe les courgettes et je les essore dans un torchon propre ou du papier absorbant.

Je fais chauffer 1 cuil. à soupe d'huile d'olive dans une poêle où je fais revenir le zeste de citron finement râpé. Quand il commence à colorer, j'ajoute les courgettes, du sel, du poivre et je laisse revenir 3 à 5 minutes avant de débarrasser.

Je mixe les courgettes au mixeur plongeant ou dans un blender avec le jus de citron et les feuilles de basilic (j'en réserve quelques-unes pour servir) pour obtenir une texture de crème, que je réserve.

Dans une casserole, je porte à ébullition le bouillon avec l'eau et je baisse le feu.

Dans un bol, je fouette le jaune d'œuf avec la fécule de maïs, le yaourt grec et j'ajoute une louche de bouillon chaud. Je fouette pour éviter que l'œuf cuise, puis, toujours en fouettant, j'incorpore ce mélange au bouillon. Je mélange le tout sur feu doux et, lorsque cela commence à épaissir, j'intègre, sans cesser de fouetter, la crème de courgette, puis les pois chiches égouttés.

Je laisse cuire 3 à 5 minutes pour que la soupe soit bien chaude et je sers dans des bols avec un peu de riz, un filet d'huile d'olive et quelques feuilles de basilic.

La texture de cette soupe fait oublier que c'est du chou-fleur, et même les plus réticents à ce légume acceptent d'en manger, comme mon fils Arthur. Il faut juste la préparer à l'avance, sinon on est trahi par l'odeur à la cuisson…

Soupe de chou-fleur rôti au citron

PRÉPARATION : 20 MINUTES
CUISSON : 30 MINUTES

1 chou-fleur moyen

2 oignons rouges

1 citron bio (zeste et jus)

1 litre d'eau

1 cuil. à soupe de bouillon de légumes en poudre ou 1 cube

Huile d'olive

Gros sel

Sel, poivre du moulin

Pour servir (facultatif)

Persil frais

1 pincée de sumac

Je préchauffe le four à 190 °C.

Je fais bouillir une grande quantité d'eau avec du gros sel dans une casserole et j'immerge le chou-fleur pendant 5 minutes pour enlever son amertume.

Je le découpe ensuite en tranches, en enlevant le pied, que je pose sur une plaque de four huilée ou recouverte de papier sulfurisé et j'arrose d'huile d'olive, je sale, poivre avant d'enfourner pour 15 minutes.

J'épluche, je dégerme et je hache grossièrement les oignons que je fais revenir dans une casserole ou un faitout à feu doux sans colorer dans 1 cuil. à soupe d'huile d'olive. Lorsqu'ils sont transparents, j'ajoute le zeste de citron finement râpé pour le frire légèrement, puis le chou-fleur, l'eau, le bouillon, du poivre du moulin et je laisse cuire à couvert pendant 10 minutes.

Ensuite, je mixe avec un mixeur plongeant ou dans le bol d'un blender pour obtenir une soupe bien lisse en ajoutant le jus de citron, 1 cuil. à soupe d'huile d'olive et je rectifie l'assaisonnement si nécessaire.

Cette soupe est délicieuse aussi bien chaude que froide, je la présente souvent avec du persil ciselé sur le dessus et 1 pincée de sumac pour renforcer son côté acidulé.

ASTUCES

✓ Pour renforcer le côté crémeux, vous pouvez ajouter 1 cuil. à soupe de crème épaisse en mixant ou un peu de crème de coco. Et pour pimenter un peu, 2 cuil. à café de pâte de curry verte (voir recette p. 119) ou rouge.

✓ Au printemps, je sers cette soupe froide et j'ajoute 1 courgette en cubes avec les oignons, je sers avec des petits pois frais juste blanchis et quelques feuilles de basilic sur le dessus.

Je trouve que l'on n'utilise pas assez le maïs en cuisine, à part dans les salades, et comme j'adore le *corn chowder* américain, j'ai eu envie d'en faire une soupe. La recette du *corn chowder*, avec son roux, est un peu compliquée, et souvent le résultat est un peu lourd, alors j'ai composé cette recette hyper facile, plus légère, très parfumée et qui fait aussi un peu penser à de la sauce saté.

Velouté de maïs

PRÉPARATION : 20 MINUTES
CUISSON : 25 MINUTES

4 épis de maïs frais ou congelés
1 botte de coriandre
1 oignon rouge ou 3 cébettes
2 cuil. à soupe de gingembre frais râpé
2 cuil. à café d'huile de sesame
1 cuil. à café bombée de beurre de cacahuètes
25 cl de lait de coco
70 cl d'eau
Le jus de 2 citrons verts
Sel, poivre

ASTUCES

✓ *On peut ajouter 1 cuil. à café de sambal oelek pour pimenter cette soupe, ou même un peu de sauce sriracha.*

✓ *Il faut ajuster la quantité d'eau et de lait de coco selon la texture souhaitée, plus ou moins crémeuse.*

✓ *On peut ajouter quelques grains de maïs frits dans un peu d'huile pour décorer et ajouter un peu de croquant.*

Je fais cuire les épis de maïs dans de l'eau bouillante 10 minutes, puis je prélève les grains avec un couteau en tenant les épis à la verticale.

Je lave et sèche la coriandre.

J'épluche, je dégerme et je hache grossièrement l'oignon, ou je hache les cébettes. Je les fais revenir à feu doux dans une grande casserole ou un faitout avec le gingembre sans colorer dans l'huile de sésame.

Lorsque les oignons sont transparents, j'ajoute les grains de maïs, les tiges de la botte de coriandre, le beurre de cacahuètes, le lait de coco et l'eau. Je sale, je poivre et je laisse cuire pendant 10 minutes.

Je mixe avec un mixeur plongeant ou dans le bol d'un blender pour obtenir un velouté bien lisse en ajoutant la moitié des feuilles de coriandre et le jus des citrons verts, je rectifie l'assaisonnement si nécessaire.

Cette soupe est délicieuse aussi bien chaude que froide, je la présente avec le reste de feuilles de coriandre ciselées.

Ma grand-mère, originaire d'Europe de l'Est, nous préparait de temps à autre du borscht, une soupe à base de betterave que je refusais obstinément de manger, voire de goûter. Le goût terreux prononcé de la betterave était bien trop fort, c'est pourquoi je l'ai ici atténué (du moins j'ai essayé) en utilisant des betteraves cuites et en ajoutant du yaourt pour la douceur, du citron et de l'aneth pour la fraîcheur.

Soupe froide de betterave

PRÉPARATION : 20 MINUTES
CUISSON : 35 À 40 MINUTES

750 g de betteraves (idéalement pas trop grosses)
70 cl d'eau
Le jus d'1 citron
Quelques brins d'aneth
350 g de yaourt grec
Huile d'olive
Sel, poivre

ASTUCES

✓ *Cette soupe est meilleure avec des betteraves fraîches, qui peuvent être cuites à l'avance, mais les précuites sous vide peuvent également faire l'affaire.*

✓ *On peut remplacer le sel par un peu de bouillon de légumes en poudre ou ½ cube, et ajouter quelques baies roses grossièrement concassées au moment de servir.*

✓ *L'aneth étant anisé, il ne plaît pas à tout le monde ; il suffit de le remplacer par de la coriandre ou un mélange de basilic et de menthe.*

Je lave et j'épluche les betteraves, que je coupe en cubes avant de les plonger dans l'eau que j'ai préalablement fait bouillir avec du sel et du poivre. Je laisse cuire pendant 35 à 40 minutes ; il faut que les cubes de betterave soient bien fondants.

Je laisse complètement refroidir avant de mixer avec le jus de citron, la moitié de l'aneth et le yaourt qu'il faut ajouter séparément pour éviter de le faire tourner et avoir de petits grumeaux dans la soupe.

Je rectifie l'assaisonnement et je réserve au frais jusqu'au moment de servir bien frais avec quelques brins d'aneth et un filet d'huile d'olive.

C'est un déjeuner idéal à emporter au bureau ou ailleurs car il est très facile à préparer et ne nécessite pas d'être réchauffé. Complet, digeste et parfumé, l'essayer, c'est l'adopter…

Soupe soba & miso

PRÉPARATION : 20 MINUTES
CUISSON : 10 MINUTES

1 œuf
50 à 70 g de nouilles soba
1 cuil. à café de miso blanc
1 cuil. à café de miso rouge
20 cl d'eau bouillante
1 grosse poignée de pousses d'épinards ou d'épinards cuits ou d'autres légumes cuits au choix
1 cébette
Quelques brins de coriandre
Quelques algues nori en paillettes (facultatif)
2 cuil. à café de graines de sésame

ASTUCE

Toutes les variations sont possibles dans cette soupe de nouilles, que ce soient les légumes, du tofu à la place de l'œuf ou du poulet ou du poisson si vous n'êtes pas végétarien. L'essentiel est la qualité des soba avec un pourcentage élevé de sarrasin, leur cuisson, et de bien les laisser quelques minutes dans l'eau froide sinon elles risquent de coller.

Je fais cuire l'œuf dur pendant 9 minutes à l'eau frémissante ou alors 5 minutes pour un œuf mollet. Je le débarrasse dans un récipient avec des glaçons pour arrêter la cuisson et je l'écale.

Je fais cuire les nouilles soba dans un grand volume d'eau selon les instructions du paquet et je débarrasse dans de l'eau très froide.

Je prépare un miso : je mélange les deux pâtes, puis j'ajoute progressivement l'eau bouillante pour bien les dissoudre.

Pour réaliser un bol, qu'il soit à déguster sur place ou à emporter, je mets les nouilles soba égouttées (mais pas trop) au fond, puis les légumes, les herbes ciselées, l'œuf, les nori et les graines de sésame. Je place le miso dans une gourde ou une Thermos pour le conserver bien chaud.

Je verse le miso bien chaud dans le bol juste avant de déguster.

BARRE DE GRANOLA
NOISETTES

Chaude ou froide, voilà une soupe qui change du gaspacho. En revanche, on ne peut pas obtenir exactement le même résultat en utilisant des tomates en conserve quand la saison est passée. J'essaie d'en faire de grandes portions et de les congeler, et lorsque ma réserve est épuisée, j'utilise des tomates entières en boîte avec le jus et j'ajoute un peu de paprika fumé pour retrouver le goût un peu grillé.

Soupe de tomates rôties

PRÉPARATION : 30 MINUTES
CUISSON : 45 MINUTES

900 g de tomates mûres
1 poivron
2 gousses d'ail (facultatif)
3 cuil. à soupe d'huile d'olive
2 oignons rouges
1 litre d'eau
1 cuil. à soupe de bouillon de légumes en poudre ou 1 cube
1 petit piment rouge (facultatif)
2 cuil. à soupe de vinaigre de vin
Sel, poivre

ASTUCE

Lorsque je sers cette soupe froide, je le fais dans des bols individuels avec sur le dessus une julienne de tomates et poivrons crus et quelques tagliatelles de concombre pour ajouter de la fraîcheur et du croquant.

Je préchauffe le four à 190 °C.

Je lave les tomates avant de les étaler sur une plaque de four préalablement huilée ou recouverte de papier sulfurisé. J'ajoute le poivron rincé, les gousses d'ail et j'arrose d'un filet d'huile d'olive, je sale et je poivre. J'enfourne pour 25 à 30 minutes selon la taille des tomates.

J'épluche, je dégerme et je hache grossièrement les oignons que je fais revenir dans une grande casserole ou un faitout à feu doux sans colorer dans 1 cuil. à soupe d'huile d'olive.

Lorsqu'ils sont transparents, j'ajoute les tomates dont j'enlève juste le pédoncule au-dessus de la casserole ou d'un bol pour ne pas perdre le jus, le poivron épluché et épépiné, et les gousses d'ail dont je retire juste la peau.

Je verse l'eau et le bouillon, le piment, je poivre, puis je laisse cuire à feu moyen pendant 10 minutes.

Je mixe le tout avec un mixeur plongeant ou dans le bol d'un blender pour obtenir une soupe bien lisse en ajoutant le vinaigre, la dernière cuil. à soupe d'huile et je rectifie l'assaisonnement si nécessaire.

Cette soupe est délicieuse aussi bien chaude que froide, je la présente souvent avec des herbes simplement mixées avec un peu d'eau et d'huile d'olive ou des herbes fraîches ciselées.

Le falafel est un incontournable quand on ne mange pas de viande. C'est une bonne source de protéines végétales, facile à réaliser et à adapter, qui, avec son côté croustillant et street food, plaît à tout le monde. On peut le consommer tel quel avec juste un peu de tahini, sur une salade, dans un sandwich…

Pour avoir essayé avec des pois chiches en conserve et secs, je trouve que la recette « originale » avec des pois chiches secs est la meilleure. Cela demande un peu d'anticipation, puisqu'il faut les laisser tremper 12 heures, mais le résultat en vaut la peine !

Sandwich aux falafels & salade de chou blanc

PRÉPARATION : 30 MINUTES
TREMPAGE DES POIS CHICHES : 12 HEURES
REPOS : 1 HEURE
CUISSON : 20 MINUTES

Pour les falafels

200 g de pois chiches secs
1 oignon rouge ou 3 à 4 cébettes
1 botte de persil
1 botte de coriandre
1 cuil. à soupe de mélange d'épices pour falafels ou pour kefta (ou 1 cuil. à café de cumin, 1 cuil. à café de coriandre en poudre, 1 cuil. à café de paprika fort ou fumé)
1 pincée de piment séché
1 cuil. à café de levure chimique
1 cuil. à soupe de farine (blé ou riz pour une recette sans gluten)
Huile végétale pour friture
Sel, poivre

Pour la salade de chou blanc

¼ ou ½ chou blanc selon sa taille
Herbes fraîches au choix
2 cuil. à soupe de yaourt grec
1 cuil. à café de tahini
1 cuil. à café de jus de citron
Sel, poivre

Pour la sauce tahini

2 cuil. à soupe de tahini
1 cuil. à soupe de jus de citron
7 à 10 cl d'eau selon la consistance souhaitée
Sel, poivre

Je fais tremper les pois chiches après les avoir rincés dans un grand bol d'eau froide pendant 12 heures avant de les égoutter.

J'épluche et je dégerme l'oignon, que je coupe en quartiers. Je lave, sèche et effeuille les herbes. Je mixe tous les ingrédients avec un mixeur plongeant ou un robot à hélice en ajoutant si nécessaire 1 à 3 cuil. à soupe d'eau pour obtenir une pâte un peu grumeleuse – je préfère quand elle n'est pas complètement lisse, sinon les falafels seront trop denses à la cuisson.

Je couvre et laisse reposer au moins 1 heure au frais.

À la sortie du réfrigérateur, je forme de petites boules avec les mains humides, une cuillère à glace ou deux cuillères à soupe en pressant légèrement la pâte et je prépare une casserole d'huile pour les frire – il en faut une quantité suffisante pour que les boulettes soient complètement immergées.

Lorsque l'huile est chaude, je mets à frire les falafels par lot pendant 4 à 5 minutes et je réserve sur un papier absorbant.

Pour la salade, j'émince très finement le chou blanc au couteau ou avec une mandoline. Je mixe les herbes, puis j'ajoute la moitié du yaourt, je mixe à nouveau avant d'intégrer, avec une cuillère, le reste de yaourt, le tahini, le jus de citron, du sel, du poivre. Je mélange cette sauce au chou blanc.

Pour la sauce tahini, je mélange à la cuillère tous les ingrédients en ajoutant d'abord le jus de citron, du sel, du poivre, puis l'eau très progressivement.

Je sers les falafels bien chauds avec la salade de chou et la sauce tahini tels quels ou dans une pita.

ASTUCES

✓ *On peut varier les falafels, en ajoutant des petits pois, de la betterave crue râpée, et même des pousses d'épinards, toutes ces combinaisons sont délicieuses.*

✓ *Le tahini peut être mixé avec du persil ou de la coriandre, épicé avec de la harissa, du paprika fumé, du sumac ou même du zaatar.*

✓ *Les falafels peuvent être congelés crus ou cuits.*

Tellement facile à préparer, c'est un classique de la cuisine libanaise que nous avons adopté, et lorsque la saison des tomates se termine, nous arrêtons d'en préparer avec regret.

Il s'agit d'une galette au halloumi et à la tomate que nous avons un peu personnalisée avec du zaatar à la place de la menthe. Le résultat est optimum avec un gril, mais si vous n'en avez pas, une poêle et une spatule feront parfaitement l'affaire.

Kellege

PRÉPARATION : 10 MINUTES
CUISSON : 3 À 5 MINUTES

1 à 2 tomates selon la taille
250 g de halloumi
2 pains libanais
2 cuil. à soupe de houmous
1 cuil. à soupe de zaatar (ou quelques feuilles de menthe) ou un mélange de thym et d'origan
Poivre noir du moulin

Je lave les tomates, retire le pédoncule et les coupe en tranches fines. Je coupe le halloumi en tranches fines également.

Sur la face de chacun des pains libanais, j'étale 1 cuil. à soupe de houmous, puis je pose les tomates, parsème d'un tour de poivre, et les tranches de halloumi. Je saupoudre de zaatar et je ferme avec le 2e pain libanais.

Je glisse le kellege sous un gril bien chaud ou sur une poêle et j'appuie avec la spatule en tournant à mi-cuisson.

Le kellege est cuit au bout de 3 à 5 minutes, lorsque le fromage commence à grésiller.

Je sers aussitôt afin d'éviter que le halloumi ne fige.

Le halloumi est un fromage originaire de l'île de Chypre fabriqué à partir d'un mélange de lait de chèvre et de lait de brebis qui est à la fois protéiné et très digeste.

Au-delà des tranches juste poêlées, j'adore ces galettes végétales lorsqu'elles sont bien chaudes, sinon le fromage a tendance à figer. L'avantage, comme il est très ferme, est qu'il est très facile à râper.

Galettes de carottes & halloumi

PRÉPARATION : 20 MINUTES
CUISSON : 15 MINUTES

2 carottes
250 g de halloumi
½ botte d'aneth ou de coriandre
1 gros œuf
60 g de farine
2 cuil. à café de paprika fort ou fumé
Huile végétale pour la friture
Sel, poivre

J'épluche et râpe grossièrement les carottes. Je râpe grossièrement le halloumi. Je lave, sèche et hache l'aneth ou la coriandre.

Je mélange tous les ingrédients dans un saladier pour obtenir une pâte et je façonne de petites galettes avec les mains humides ou avec deux cuillères à soupe ou une cuillère à glace.

Je fais chauffer un bain d'huile dans une grande casserole et je plonge les galettes par deux ou trois dans l'huile de friture bien chaude. Je les laisse dorer quelques minutes, puis les retire de l'huile à l'aide d'une écumoire.

Je débarrasse sur du papier absorbant avant de servir avec une jolie salade et du houmous ou une sauce au tahini ou une sauce au fromage blanc et aux herbes (voir recette p. 173).

C'est un peu comme le cake au citron, j'ai testé des dizaines de recettes et je ne pense pas m'arrêter. Celle-ci est à la fois facile et très croustillante. Avec ces galettes, un trait de jus de citron ou une sauce aux herbes, et on est un peu dans une île blanche et bleue…

Galettes de courgette

PRÉPARATION : 20 MINUTES
CUISSON : 15 À 20 MINUTES

2 courgettes
1 oignon rouge ou 3 à 4 cébettes
1 botte de menthe
150 g de feta
1 œuf
6 cuil. à soupe de farine
1 cuil. à soupe d'huile d'olive
1 cuil. à café de bicarbonate alimentaire
1 pincée de piment en flocons ou de chipotle ou de piment d'Espelette (facultatif)
1 cuil. à café de graines de fenouil (facultatif)
Huile végétale pour friture
1 citron (facultatif)
Sel, poivre

Pour la sauce aux herbes

½ botte de persil
Quelques feuilles de menthe
1 jaune d'œuf
1 cuil. à soupe de vinaigre de cidre
10 cl d'huile d'olive
2 cuil. à soupe de jus de citron
50 g de crème fraîche épaisse
Sel, poivre

Je lave, sèche et effeuille les herbes. Pour la sauce, je mixe le jaune d'œuf, le vinaigre, les herbes, du sel, du poivre et j'ajoute l'huile en filet, puis le jus de citron et la crème. Je rectifie l'assaisonnement et je réserve.

Je râpe les courgettes et les essore dans du papier absorbant ou un torchon propre pour enlever l'excès d'humidité. J'épluche, je dégerme et je hache l'oignon ou les cébettes.

Je cisèle les feuilles de menthe, j'émiette la feta et je mélange tous les ingrédients dans un saladier.

Je laisse reposer 5 à 10 minutes, puis quand l'huile est bien chaude dans une poêle (soit un fond, soit un bain de friture), je dépose de petites galettes avec deux cuillères que je fais cuire 3 à 4 minutes de chaque côté jusqu'à ce qu'elles soient bien dorées.

Je garde au chaud et je sers avec la sauce aux herbes ou un citron coupé en quatre.

Et hop ! en petite galette et avec du cheddar, tout le monde mange des petits pois, même les plus récalcitrants. Et des petits pois, c'est si facile d'en avoir toute l'année dans le congélateur !

On peut servir ces galettes telles quelles avec un peu de jus de citron, ou avec une sauce au fromage blanc et aux herbes (voir recette p. 173), un petit coulis de tomates réalisé avec quelques tomates trop mûres mixées avec des herbes et un peu d'huile d'olive.

Galettes de petits pois & cheddar

PRÉPARATION : 20 MINUTES
CUISSON : 8 À 10 MINUTES PAR FOURNÉE

250 g de petits pois congelés

1 botte de coriandre ou un mélange de feuilles de basilic et de menthe ou de l'aneth

1 botte de ciboulette ou 3 cébettes

3 gros œufs

90 g de farine de riz ou de blé ou de sarrasin

110 g de cheddar râpé

Huile végétale pour la friture

Sel, poivre

ASTUCES

✓ *Pour une texture encore plus croustillante, ajoutez 1 à 2 cuil. à soupe de panko (chapelure japonaise) à la pâte.*

✓ *On peut remplacer le cheddar par de la feta et varier les textures en écrasant plus ou moins les petits pois, à la fourchette ou au presse-purée.*

Je décongèle les petits pois en les blanchissant 1 à 3 minutes dans de l'eau bouillante, puis je les débarrasse dans un bol d'eau glacée afin de garder leur couleur et je les égoutte.

Je lave, sèche et cisèle toutes les herbes.

Je mélange les œufs et la farine dans un bol pour obtenir une pâte lisse avant d'ajouter le cheddar, les herbes et les petits pois (que l'on peut garder entiers ou légèrement écrasés avec une fourchette), du sel et du poivre. Je mélange le tout, la pâte est un peu épaisse, c'est normal.

Je fais chauffer de l'huile dans une poêle à feu vif et y dépose une grosse cuillerée à soupe de pâte. Je laisse cuire quelques minutes et je retourne pour faire dorer de l'autre côté. Je renouvelle l'opération jusqu'à épuisement de la pâte en déposant au fur et à mesure les galettes sur du papier absorbant.

Je sers aussitôt, ou je réserve au four, car ces galettes sont meilleures bien chaudes.

C'est la recette qui sent les vacances et c'est pourquoi je ne l'ai jamais essayée avec des tomates en conserve, je la fais seulement pendant la saison des tomates.

Une fois n'est pas coutume, ces galettes sont meilleures cuites minute que réchauffées, en revanche la pâte peut être préparée à l'avance, et si les légumes ont relâché trop d'eau, il suffit de rajouter un peu de farine avant de les frire. On peut les servir juste avec un filet de citron, du tzatziki, un fromage blanc aux herbes ou un coulis de tomates à l'origan avec un filet d'huile d'olive, faites votre choix !

Galettes de tomates

PRÉPARATION : 20 MINUTES
CUISSON : 10 MINUTES

3 tomates moyennes
1 courgette
1 oignon ou 4 cébettes
1 botte de menthe fraîche
1 cuil. à café d'origan séché
120 g de farine
1 cuil. à café de levure
Huile d'olive pour frire
Sel, poivre

ASTUCE

La courgette peut être remplacée par une tomate supplémentaire, mais je trouve qu'elle ajoute un moelleux très gourmand à la texture de ces galettes.

Je coupe les tomates en petits dés, je les laisse égoutter sur un papier absorbant et je râpe la courgette que j'essore pour enlever l'excès d'humidité.

J'épluche, je dégerme et je hache l'oignon ou les cébettes. Je lave, sèche et émince les feuilles de menthe.

Je mélange tous les ingrédients dans un saladier pour obtenir une pâte un peu épaisse.

Je fais chauffer l'huile dans une poêle, et lorsqu'elle est chaude, je verse 1 cuil. à soupe de pâte à la fois dans l'huile et je laisse dorer quelques minutes avant de retourner la galette pour la faire cuire encore quelques minutes de l'autre côté.

Lorsque les deux côtés sont bien gonflés et dorés, je sers aussitôt.

J'ai déjà proposé dans mes précédents livres des recettes de burger végétal aux haricots rouges, avec du riz complet, à la betterave avec des flocons d'avoine qui sont de bonnes alternatives à la « viande végétale » que l'on trouve dans la grande distribution et qui est fabriquée, dans l'écrasante majorité des cas, à partir d'ingrédients ultra transformés. C'est pourquoi il faut les consommer avec modération, même si le résultat est parfois bluffant. Ici, grâce aux haricots rouges et à l'œuf, la texture est agréable et on a une bonne source de protéines végétales. Si cela ne remplace pas un vrai burger de bœuf pour les amateurs, cela permet de varier les plaisirs !

Smash burger aux haricots rouges

PRÉPARATION : 20 MINUTES
CUISSON : 10 MINUTES

1 oignon rouge

425 g de haricots rouges en boîte

½ botte de persil

1 gros œuf

10 g de fromage râpé au choix (cheddar, emmental)

1 pincée de piment (idéalement chipotle pour son goût fumé) ou 1 piment frais haché ou 1 cuil. à café de sauce sriracha ou de Tabasco®

60 g de chapelure

1 cuil. à café d'épices à guacamole ou à chili (cumin, paprika, coriandre…)

2 cuil. à soupe d'huile végétale

4 tranches de fromage (mimolette, cheddar, emmental…)

Sel, poivre

Pour servir

4 buns

Mayonnaise piquante (voir recette p. 27)

2 tomates en tranches fines

Salade verte ou chou blanc ou rouge émincé

Quelques oignons pickles ou frits

J'épluche, je dégerme et je hache l'oignon. J'égoutte et je rince les haricots rouges. Je lave, sèche et effeuille le persil.

Je mets l'ensemble des ingrédients dans le bol d'un mixeur à hélice ou je mixe progressivement avec un mixeur plongeant pour obtenir un mélange juste encore un peu granuleux.

Je fais chauffer l'huile dans une poêle, je divise la pâte en quatre et façonne 4 boules avec les mains bien humides. Je les pose dans la poêle et je les aplatis un peu avec une spatule. Je laisse cuire 3 à 4 minutes à feu moyen.

Lorsque les burgers sont bien dorés, je les retourne et je laisse cuire la même durée de l'autre côté en posant 1 tranche de fromage sur chaque pour qu'elle fonde 2 minutes avant la fin de la cuisson.

Je fais chauffer les buns coupés en deux et j'étale la mayonnaise piquante sur chacune des faces. Je pose le smash burger, quelques rondelles fines de tomate, un peu de salade ou de chou émincé, des oignons pickles ou frits et je sers bien chaud.

ASTUCES

✓ *Pour un résultat encore plus croustillant, vous pouvez diviser la pâte en huit et mettre deux burgers dans chaque bun.*

✓ *Si j'utilise de la salade, je la pose en dernier pour éviter qu'elle ramollisse avec la chaleur.*

✓ *Cette recette fonctionne aussi très bien pour faire de petites boulettes à servir dans une sauce tomate légèrement épicée.*

Chaud ou froid, préparé minute ou à l'avance le dîner ?

KATING

La cuisine du quotidien est bien souvent un véritable casse-tête. Il faut avoir l'idée, le temps, les ingrédients et que ça plaise à tout le monde. Bref, pour l'écrasante majorité d'entre nous, c'est un challenge impossible à atteindre, alors autant relâcher la pression !

Je m'efforce d'avoir des assemblages faciles à faire en piochant dans mon congélateur et mon réfrigérateur ; c'est l'idéal mais ce n'est pas toujours possible…

Le maître mot est souvent l'improvisation et je recours la plupart du temps aux « classiques », ces recettes que l'on maîtrise parfaitement et dont on a (presque) tout le temps tous les ingrédients. Un fond de placard, des condiments et des assaisonnements, et l'on peut en peu de temps préparer un repas simple et savoureux. Et si aucune de ces options n'est possible, une simple assiette de pâtes pourra largement faire l'affaire !

Le chou kale fait rarement l'unanimité, mais émincé finement avec une sauce à la cacahuète, ça passe quand même mieux. C'est ma sauce pour tout dont j'ai toujours un bocal dans le réfrigérateur et que je fais plus ou moins fluide selon que je l'utilise pour une salade, des nouilles soba, des rouleaux de printemps ou des légumes vapeur. Si ce n'est pas la salade la plus consensuelle, c'est quand même la salade d'hiver qui fait du bien…

Salade de chou kale & sauce cacahuète

PRÉPARATION : 30 MINUTES
CUISSON : 20 À 30 MINUTES

2 betteraves au choix (jaune, rouge, chioggia)
1 bouquet de chou kale
1 chou-rave
1 botte de ciboulette
1 cuil. à soupe de graines de sésame
2 cuil. à soupe de noix de cajou torréfiées
Sel, poivre

Pour la sauce
100 g de beurre de cacahuètes
2 cuil. à soupe de sauce soja salée
2 cuil. à soupe de jus de citron
1 cuil. à soupe de sucre complet, de sirop d'agave ou de miel
1 petit piment rouge haché ou 1 cuil. à café de sauce sriracha (facultatif)
10 cl d'eau tiède ou chaude

ASTUCE

Pour les plus récalcitrants, le chou kale au four est souvent mieux accepté car il est plus croustillant. Dans ce cas, au lieu de le blanchir, mélangez-le avec de l'huile, du sel et du poivre avant de le répartir sur une plaque de four huilée ou recouverte de papier sulfurisé et de le faire cuire à 180 °C pendant une dizaine de minutes.

Je rince les betteraves et les fais cuire dans un grand volume d'eau chaude pendant 20 à 30 minutes jusqu'à ce qu'elles soient tendres. Je les laisse refroidir avant de les éplucher.

J'enlève la tige des feuilles de chou kale et je les émince finement avant de les blanchir 2 à 3 minutes et de les débarrasser dans de l'eau glacée. J'égoutte et j'assaisonne avec du sel et du poivre.

J'épluche le chou-rave avant de le tailler en bâtonnets. Je lave, sèche et cisèle la ciboulette.

Pour la sauce, je mixe tous les ingrédients avec l'eau tiède ou chaude.

Je dresse les légumes dans un saladier avec la sauce au fond, le sésame et les noix de cajou sur le dessus et je mélange juste avant de servir.

Il est parfois difficile de faire une salade en entrée qui plaise à tout le monde ; certains préfèrent la roquette, d'autres la romaine… Avec les pousses d'épinards, ça fonctionne toujours, surtout si la sauce est parfumée comme celle-ci et quand, en plus, le pamplemousse apporte une note de fraîcheur.

Salade de pousses d'épinards

PRÉPARATION : 30 MINUTES

300 g de pousses d'épinards
1 oignon
5 cuil. à soupe d'huile pour friture
1 pamplemousse
2 petites betteraves cuites ou crues
1 avocat
½ citron
100 g de lentilles vertes ou noires cuites
Sel, poivre

Pour la vinaigrette au gingembre

1 morceau de gingembre frais
12 cl de vinaigre de riz
2 cuil. à soupe de sauce soja
2 cuil. à soupe d'huile de sésame
2 cuil. à soupe de mirin
2 cuil. à café de sucre de canne

ASTUCES

✓ *Avec ces quantités, vous aurez peut-être un peu trop de sauce, pas de soucis, elle se garde plusieurs jours dans un bocal hermétique au réfrigérateur.*

✓ *On peut mettre des framboises ou tout autre fruit à la place du pamplemousse.*

✓ *Je fais cuire les lentilles selon les instructions du paquet sans saler l'eau pour éviter qu'elles durcissent.*

Je lave et sèche les pousses d'épinards. J'épluche l'oignon et le gingembre.

Pour la vinaigrette au gingembre, j'émulsionne tous les ingrédients dans un bol avec le gingembre râpé le plus fin possible.

J'émince l'oignon finement en rondelles régulières, que je sale avant de plonger dans l'huile bien chaude. Je baisse le feu et je laisse revenir en remuant régulièrement pendant 3 à 5 minutes. J'égoutte les oignons quand ils sont bien dorés sur un papier absorbant.

Je prélève les suprêmes du pamplemousse en le pelant à vif. Si j'utilise des betteraves cuites, je les coupe en cubes moyens, et si c'est de la betterave crue, je fais de très fines tranches que j'empile pour ensuite tailler des bâtonnets très fins.

Je coupe l'avocat en deux, j'enlève le noyau et je le coupe en cubes que je citronne soigneusement pour éviter qu'ils noircissent.

Je mets les pousses d'épinards dans un saladier et dispose tous les autres ingrédients sur le dessus.

J'assaisonne au dernier moment et je sers.

La trévise, je l'adore cuite dans un risotto, mais son amertume en fait fuir plus d'un. En salade, c'est un peu moins compliqué, et avec cette sauce crémeuse, des concombres croquants et de l'avocat, elle n'en fait pas tout un plat mais peut remporter son petit succès en entrée.

Salade de trévise, concombre, avocat & sauce crémeuse

PRÉPARATION : 15 MINUTES

1 salade trévise ou radicchio

1 concombre

2 cébettes

2 avocats

1 trait de jus de citron

1 poignée de noix de cajou torréfiées

Pour la sauce crémeuse

1 botte de ciboulette

2 cuil. à café de moutarde douce aux épices type Savora® ou de moutarde au miel (et dans ce cas ne pas ajouter de miel)

1 cuil. à café de miel ou de sirop d'érable

2 cuil. à soupe de vinaigre de vin (blanc ou rouge)

4 cuil. à soupe d'huile d'olive

1 cuil. à café de zaatar (facultatif)

2 cuil. à soupe de crème liquide ou labné (voir recette p. 60, et dans ce cas ajouter 1 à 2 cuil. à soupe d'eau) ou de kéfir

Sel, poivre

ASTUCE

Cette salade est également délicieuse avec la vinaigrette au gingembre de la salade de pousses d'épinards de la page 115.

Pour la sauce, je lave, sèche et cisèle la ciboulette. Je dilue la moutarde, du sel, du poivre et le miel avec le vinaigre dans un bol, et je verse l'huile d'olive en fouettant avec un fouet ou une fourchette. J'ajoute le zaatar, la crème liquide et la ciboulette et je mets la sauce au fond d'un saladier.

Je lave et j'émince la trévise en enlevant le cœur. Je rince et j'épluche le concombre en laissant quelques bandes de peau, je le coupe en deux, j'enlève les pépins avec une petite cuillère, puis je coupe de petits tronçons en biseau.

Je lave et j'émince les cébettes. Je coupe les avocats, j'enlève le noyau, je détaille des cubes et je les citronne pour éviter qu'ils noircissent.

Je dépose trévise, avocats, concombre, cébettes et les noix de cajou concassées dans le saladier et je sers aussitôt en mélangeant au dernier moment afin de ne pas abîmer les couleurs de la salade.

ASTUCES

✓ *Si vous préférez cette salade froide, il faut l'assembler quand tous les ingrédients, qui peuvent alors être préparés la veille, auront refroidi.*

✓ *Pour avoir un mélange bien vert, vous pouvez ajouter une poignée de pousses d'épinards dans la pâte de curry.*

✓ *La pâte de curry vert se conserve plusieurs jours au réfrigérateur dans un bocal et peut également être portionnée pour être congelée.*

C'est un plat ou une entrée de fin d'hiver ou de printemps qui peut se servir chaud ou froid. Je l'adore avec un œuf mollet ou avec du chou-fleur rôti à la place du brocoli, ou même avec des nouilles de riz… C'est résolument une recette à s'approprier et à varier selon vos envies !

Salade de brocoli & sauce au curry vert

PRÉPARATION : 30 MINUTES
CUISSON : 20 MINUTES

Pour la pâte de curry vert

4 cébettes

1 tige de citronnelle

1 piment rouge frais ou 1 cuil. à café de purée de piment

Le jus d'1 citron vert

1 cuil. à café de gingembre frais râpé

3 cuil. à soupe d'huile végétale neutre

1 botte de coriandre

1 botte de basilic thaï

Sel

Pour la salade

1 brocoli

150 g de champignons (shiitakés, champignons de Paris, portobello)

¼ de chou rouge

2 cébettes

2 cuil. à soupe d'huile végétale (sésame ou olive)

1 poignée de noix de cajou ou de cacahuètes

Sel, poivre

Pour la sauce

75 g de miso blanc

40 cl de lait de coco

Pour la pâte de curry vert, je taille grossièrement tous les ingrédients (sauf le basilic) avant de les mixer dans un blender ou avec un mixeur plongeant. J'ajoute les feuilles de basilic à la fin pour éviter de les chauffer et de les oxyder. Je réserve.

Je lave les légumes, je prélève les fleurettes du brocoli, j'épluche le pied et le taille en bâtonnets. Je nettoie et je coupe les champignons en fines tranches, je coupe le chou rouge en lamelles très fines et j'émince les cébettes.

Je fais chauffer 1 cuil. à soupe d'huile dans une poêle et y fais sauter les champignons avec du sel et du poivre. Si j'utilise des shiitakés, je m'assure qu'ils sont parfaitement cuits car ces champignons crus peuvent déclencher des allergies.

Je débarrasse, puis avec le reste d'huile, je poêle les brocolis avec du sel et du poivre. Quand ils commencent à colorer, j'ajoute un peu d'eau et je couvre pour 3 à 5 minutes afin qu'ils restent croquants.

Je débarrasse et je prépare la sauce en diluant la pâte de miso blanc dans le lait de coco avant d'ajouter 2 à 3 cuil. à soupe de pâte de curry vert.

Je verse la sauce au fond d'un plat et je pose les légumes, je parsème de cébettes et de noix de cajou ou de cacahuètes grossièrement concassées avant de servir.

Je n'aime pas trop le sucré-salé, pourtant, après avoir mélangé tomates, pastèque, feta et menthe il y a quelques années et avoir servi cette salade tous les étés avec délice, j'ai essayé d'autres combinaisons. Tomate et pêche forment un bon duo tant en goût qu'en texture, le halloumi vient ajouter sa touche bien salée qui donne du caractère à cette salade prête en quelques minutes.

Si vous n'avez pas la possibilité de poêler ou de griller le halloumi, essayez avec une boule de mozzarella, ça marche très bien aussi. Il faut juste bien penser à citronner les pêches pour que cette salade garde toutes ses jolies couleurs d'été.

Salade de tomates, pêches & halloumi

PRÉPARATION : 10 MINUTES
CUISSON : 5 MINUTES

4 tomates

2 pêches

1 trait de jus de citron

Quelques feuilles de menthe ou de basilic

250 g de halloumi ou 1 boule de mozzarella, idéalement de buffala, ou de la feta

Fleur de sel

Huile d'olive parfumée

ASTUCES

✓ *En tranches, en cubes ou en quartiers, c'est chacun ses goûts pour les fruits !*

✓ *Si j'utilise de la mozzarella, je coupe des tranches ou des quartiers, et la feta en cubes ou émiettée.*

✓ *On peut également ajouter quelques cébettes.*

✓ *Pour éplucher les pêches, si vous les préférez ainsi, il faut les pocher 30 secondes à 1 minute dans de l'eau bouillante pour pouvoir plus facilement retirer la peau. C'est la même méthode que pour monder des tomates.*

Je coupe les tomates et les pêches en quartiers, en tranches ou en cubes, je citronne les pêches pour éviter qu'elles s'oxydent et noircissent et je dresse dans un plat.

Je cisèle les feuilles de menthe ou de basilic, que je parsème d'un peu de fleur de sel et arrose d'un filet d'huile d'olive.

Je coupe le halloumi en tranches et je le fais frire dans un peu d'huile d'olive dans une poêle très chaude ou je le passe sous le gril.

Je sers aussitôt.

On connaît le taboulé avec tomate et concombre mais, en attendant l'arrivée des tomates, cette version printanière remporte toujours un grand succès tant sa fraîcheur augure de l'arrivée des beaux jours.

On peut utiliser du boulgour, du quinoa ou du freekeh (du blé vert) pour réaliser cette salade. Les fruits rouges apportent une note acidulée et une belle fraîcheur à cette salade. Quand la saison des fruits rouges se termine, vous pouvez les remplacer par de la grenade.

Taboulé (quinoa ou boulgour)

PRÉPARATION : 20 MINUTES

100 g de boulgour gros
1 concombre
1 botte de radis roses
1 à 2 bottes de persil
1 botte de ciboulette
½ botte de menthe
100 g de fèves pelées et cuites ou de petits pois frais
150 g de fruits rouges au choix ou 2 à 3 cuil. à soupe de graines de grenade
Sel

Pour la sauce orientale

3 cuil. à soupe d'huile d'olive
2 cuil. à soupe de jus de citron
1 cuil. à soupe de mélasse de grenade
2 cuil. à café de sumac
Sel, poivre

Pour cuire le boulgour, je verse par-dessus, à hauteur, de l'eau bouillante légèrement salée et je couvre pendant 10 minutes avant d'égrainer à la fourchette.

Je lave et je coupe en deux le concombre afin de l'épépiner, puis je le détaille en dés. (Pour ma part, je ne l'épluche pas, mais vous pouvez tout à fait l'éplucher, c'est une question de goût.)

Je lave les radis et les coupe en fines tranches à la mandoline ou en dés au couteau. Je lave et sèche les herbes avant de hacher la botte de persil et d'émincer la ciboulette et les feuilles de menthe.

Je mélange tous les ingrédients du taboulé dans un saladier et je dépose les fruits rouges dessus.

Dans un bol, je mélange tous les ingrédients de la sauce, que je verse sur le taboulé une fois qu'elle est bien émulsionnée.

Je conserve au frais jusqu'au moment de servir.

La burrata est un fromage italien traditionnel à pâte fraîche filée, originaire des Pouilles, à base de mozzarella garnie de crème, et tout le monde adore ça !

Une bonne manière d'utiliser des tomates un peu abîmées est de les rôtir et de les servir entières comme ici ou d'en faire un coulis en les mixant. Si le mélange de la burrata crémeuse et des tomates légèrement caramélisées avec juste quelques feuilles de basilic n'est certes pas révolutionnaire, c'est rapide et drôlement bon !

Burrata aux tomates rôties

PRÉPARATION : 15 MINUTES
CUISSON : 15 À 30 MINUTES SELON LA TAILLE DES TOMATES

500 g de tomates
4 cuil. à soupe d'huile d'olive
1 bouquet de basilic
1 burrata
Fleur de sel, poivre du moulin

Je lave les tomates avant de les poser dans un plat allant au four, je verse 2 cuil. à soupe d'huile d'olive dessus et je saupoudre de fleur de sel et de poivre.

Je préchauffe le four à 190 °C et enfourne le plat pour 15 à 30 minutes jusqu'à ce que les tomates soient légèrement caramélisées. Je sors du four et je réserve.

Je lave et effeuille le basilic. J'égoutte la burrata et je la pose au centre d'un plat. Je dresse les tomates rôties tout autour, je verse les 2 cuil. à soupe restantes d'huile d'olive, je parsème le tout de feuilles de basilic et je sers aussitôt.

C'est la version automne-hiver de la recette de burrata aux tomates rôties (voir recette p. 125).

Parmi les courges, c'est le potimarron que je privilégie, mais tout dépend des goûts. Juste tranché en fins quartiers, ce n'est même pas la peine de l'éplucher pour le faire rôtir au four.

Burrata & courge rôtie

PRÉPARATION : 15 MINUTES
CUISSON : 25 À 30 MINUTES

1 petit potimarron

4 cuil. à soupe d'huile d'olive

1 botte de ciboulette ou 2 cébettes ou ½ botte de coriandre

1 burrata

Fleur de sel, poivre du moulin

Je lave le potimarron et je le coupe, en gardant la peau, en fins quartiers que je pose sur la plaque du four huilée ou recouverte de papier sulfurisé.

J'arrose le potimarron de 2 cuil. à soupe d'huile d'olive, je saupoudre de fleur de sel et de poivre et je mélange bien.

Je préchauffe le four à 190 °C et enfourne la plaque pour 25 à 30 minutes jusqu'à ce que les quartiers de potimarron soient légèrement caramélisés. Je sors du four et je réserve.

Je lave et cisèle les herbes. J'égoutte la burrata et je la pose au centre d'un plat. Je dresse la courge rôtie tout autour, je verse les 2 cuil. à soupe restantes d'huile d'olive, je parsème le tout des herbes fraîches ciselées et je sers aussitôt.

AB
AGRICULTURE
BIOLOGIQUE
Origine FRANCE

Produit

J'adore ces pâtes avec une sauce aux légumes de saison qui peut être préparée à l'avance ou permettre de finir les légumes qui restent – ça marche avec à peu près tous les légumes –, et le miso ajoute une touche qui change tout.
Pas besoin de crème, c'est le légume émulsionné avec l'eau de cuisson des pâtes qui va donner sa texture à la sauce.

Pâtes à la courge & miso

PRÉPARATION : 20 MINUTES
CUISSON : 20 MINUTES

1 morceau de potiron ou 1 courge butternut

2 cuil. à soupe d'huile d'olive

500 g de pâtes

1 cuil. à soupe de miso

2 cuil. à soupe de jus de citron

2 cuil. à café d'épices (paprika fumé, curry, coriandre...)

Quelques feuilles de sauge ou du persil frais

Sel, poivre

Je préchauffe le four à 190 °C.

J'épluche le potiron ou la courge et je coupe en cubes que je mélange avec l'huile, du sel et du poivre. Je les étale sur une plaque de four huilée ou recouverte de papier sulfurisé et j'enfourne pour 20 minutes.

Lorsque la courge est cuite, je fais cuire les pâtes dans un grand volume d'eau salée selon les instructions du paquet pour une cuisson *al dente*.

Je mets le potiron ou la courge dans un bol ou un blender et je mixe avec le miso, le jus de citron en ajoutant petit à petit l'eau de cuisson des pâtes que je prélève avec une louche pour obtenir la texture souhaitée.

Je rectifie l'assaisonnement, j'ajoute l'épice de mon choix, et j'égoutte les pâtes avant d'y incorporer la sauce. Je mélange bien et je sers aussitôt avec, sur le dessus, de la sauge ou du persil frais.

Cette mayonnaise, tout le monde l'adore et y plonge avec délice ses frites de patate douce, ou autre, ou s'en sert pour des sandwichs.

Patate douce & mayonnaise au citron et curry

PRÉPARATION : 20 MINUTES
CUISSON : 30 À 35 MINUTES

600 à 800 g de patates douces
2 cuil. à soupe d'huile d'olive
Sel, poivre

Pour la mayonnaise
½ botte de coriandre
2 cuil. à café de curry en poudre
1 citron vert bio (zeste et jus)
1 jaune d'œuf
1 cuil. à soupe de moutarde
1 cuil. à café de vinaigre de vin
6 cuil. à soupe d'huile végétale
8 cuil. à soupe d'huile d'olive
Sel, poivre

ASTUCE

Si vous utilisez un mixeur plongeant, vous pouvez mixer les herbes fraîches directement.

Je préchauffe le four à 200 °C.

Je lave soigneusement les patates douces et, sans les éplucher, je les coupe en frites que j'étale sur une plaque de four huilée ou recouverte de papier sulfurisé. J'arrose d'huile d'olive, de sel, de poivre et je mélange pour bien enrober les frites.

J'enfourne pour 30 à 35 minutes en remuant à mi-cuisson.

Pour la mayonnaise, je lave et sèche la coriandre. Je la mixe avec le curry, le zeste et le jus de citron vert. Je réserve.

Je fouette le jaune d'œuf avec la moutarde, le vinaigre, du sel et du poivre dans un bol, avec un fouet électrique, à la main ou avec un mixeur plongeant, en ajoutant les huiles en filet très progressivement. À la fin, quand la mayonnaise est bien prise et ferme, j'incorpore le mélange mixé au curry.

Je sers les frites de patates douces dès la sortie du four, avec la mayonnaise à part.

Ma grand-mère faisait des fleurettes de chou-fleur panées que j'adorais, et dans cette recette on les retrouve un peu. Servie chaude ou froide, elle peut constituer une entrée ou un plat complet. Même un peu ramollie le lendemain, cette salade est tellement parfumée qu'on a du mal à ne pas la finir sans même avoir besoin de la réchauffer…

Salade de chou-fleur au parmesan et chapelure, sauce *green goddess*

PRÉPARATION : 20 MINUTES
CUISSON : 25 À 30 MINUTES

1 chou-fleur
4 cuil. à soupe d'huile d'olive
2 cuil. à soupe de chapelure
2 cuil. à soupe de parmesan râpé
2 cuil. à café de mélange d'épices au choix (curry, chili, kefta, potatoe avec du paprika fumé…)
½ botte de persil
2 cuil. à soupe de câpres
2 à 3 cébettes (facultatif)
Sel, poivre

Pour la sauce green goddess

½ botte de coriandre
Quelques brins d'aneth
1 botte de ciboulette
1 cornichon haché (facultatif)
3 cuil. à soupe de yaourt grec
2 cuil. à soupe de mayonnaise
1 à 2 cuil. à soupe de jus de citron
Sel, poivre

Je préchauffe le four à 200 °C.

Je lave le chou-fleur, j'enlève le pied et la partie inférieure du cœur et je le coupe en tranches, que je pose sur une plaque de four huilée ou recouverte de papier sulfurisé. J'arrose de 2 cuil. à soupe d'huile d'olive, je sale, poivre et saupoudre de la chapelure mélangée au parmesan et aux épices pour obtenir une couche assez uniforme. J'enfourne pour 25 à 30 minutes.

Pour la sauce, je lave, sèche et cisèle toutes les herbes (y compris le persil que je réserve pour la salade). Je hache le cornichon.

Je mixe tous les ingrédients, sauf le cornichon, avec un peu de sel et de poivre dans un bol ou un blender jusqu'à obtenir une sauce bien verte. Pour éviter qu'elle soit trop liquide, on peut mixer avec juste 1 cuil. à soupe de yaourt avec les herbes et le jus de citron et mélanger la pâte ainsi obtenue avec les cornichons dans le reste de yaourt et la mayonnaise avec une cuillère.

Je fais frire les câpres rincées dans 1 cuil. à soupe d'huile d'olive. J'émince les cébettes.

À la sortie du four, je dresse les tranches de chou-fleur rôties dans un plat creux ou une grande assiette avec les câpres, le persil ciselé, les cébettes et je sers bien chaud avec la sauce au fond du plat ou à part selon les goûts.

La vie est faite de rencontres. C'est grâce à l'une d'elles (il se reconnaîtra…) que j'ai goûté ces pâtes menthe-citron dans un restaurant merveilleux sur l'île de Cythère au large du Péloponnèse. Après avoir interrogé le chef sur la recette, j'ai essayé de retrouver le goût de ce plat qui avait fait l'unanimité. Ce n'est pas tout à fait pareil, mais c'est vraiment très bon et le fait d'utiliser du yaourt (grec, bien sûr) apporte plus de fraîcheur que la crème et évite à la sauce de figer.

Pâtes au citron et à la menthe presque comme à Kythira

PRÉPARATION : 15 MINUTES
CUISSON : 10 MINUTES

500 g de pâtes (je conseille des linguini ou des spaghetti)
1 botte de menthe
1 citron bio (zeste et jus)
3 cuil. à soupe d'huile d'olive
200 g de yaourt grec
1 pincée de piment en flocons
Sel, poivre

ASTUCE

On peut ajouter des olives, un peu de pesto de menthe ou de la tapenade, mais j'aime le côté très épuré de cette recette, juste citron-menthe.

Je fais bouillir une grande quantité d'eau que je sale au moment de mettre les pâtes et je les fais cuire selon les instructions du paquet.

Pendant ce temps, je lave et sèche les feuilles de menthe. Dans une casserole, je fais frire le zeste de citron finement râpé dans 1 cuil. à soupe d'huile d'olive.

Je prélève une grosse louche de l'eau de cuisson des pâtes et je dilue le yaourt avec pour éviter qu'il caille. J'ajoute ce mélange au zeste et je fais chauffer doucement en fouettant et en ajoutant du sel, du poivre, l'huile d'olive progressivement, un peu plus d'eau de cuisson des pâtes et la menthe.

J'égoutte les pâtes lorsqu'elles sont *al dente*, en réservant un peu d'eau de cuisson au cas où et je les mélange avec la sauce au yaourt avant d'ajouter le jus de citron, le piment et de servir aussitôt.

Pendant le premier confinement en 2020, je suis allée faire du volontariat dans des restaurants fermés où des chefs venaient cuisiner pour des associations qui, avec la fermeture des restaurants et des traiteurs, avaient perdu leur source de dons alimentaires.

C'est le chef australien avec lequel j'ai travaillé qui m'a montré ces *smashed potatoes* que l'on retrouve ces derniers temps partout sur les réseaux sociaux. Le fait de les écraser les rend bizarrement plus croustillantes et on peut ensuite les gratiner ou les servir telles quelles avec un guacamole ou une sauce au fromage, comme ici à la feta.

Pommes de terre tapées au persil, ail et paprika fumé & sauce crémeuse à la feta

PRÉPARATION : 15 MINUTES
CUISSON : 35 À 50 MINUTES

600 g de pommes de terre (ratte, grenaille ou charlotte de petit calibre)

4 cuil. à soupe d'huile d'olive

2 cuil. à café de paprika fumé (ou d'épices au choix)

Sel, poivre

Pour la sauce

10 cébettes

1 cuil. à soupe d'huile d'olive

150 g de feta émiettée

120 g de labné ou de crème épaisse ou de fromage blanc

1 citron vert bio (zeste et jus)

1 cuil. à café de paprika fumé

Quelques gouttes de Tabasco® (facultatif)

Sel, poivre

Je lave soigneusement les pommes de terre avant de les cuire à l'eau bouillante salée pendant 20 à 30 minutes selon leur taille.

Je préchauffe le four à 200 °C.

J'égoutte et j'étale les pommes de terre sur une plaque de four huilée ou recouverte de papier sulfurisé, je les écrase avec le plat de la main et je les enrobe bien d'huile d'olive et de paprika, je sale et poivre. J'enfourne ou je passe sous le gril pour 10 à 15 minutes.

Pendant ce temps, je prépare la sauce. Je lave et émince les cébettes et je les mélange avec l'huile d'olive, du sel et du poivre. Je les étale dans un plat allant au four que je passe sous le gril bien chaud pendant 5 minutes. Je les laisse refroidir complètement avant de les mettre dans un bol, d'ajouter tous les autres ingrédients et de mélanger.

Je réserve la sauce au frais jusqu'au moment de servir avec les pommes de terre.

Printemps, été, automne, hiver il y a toujours des légumes que l'on peut utiliser pour faire un couscous. C'est Laurence qui m'a appris cette méthode très rapide pour cuisiner un couscous de légumes. La recette de base reste toujours la même, il faut juste veiller à ajouter les légumes au fur et à mesure afin de tenir compte du temps de cuisson de chacun.

Couscous de légumes de saison

PRÉPARATION : 30 MINUTES
CUISSON : 45 MINUTES

Légumes au choix (courge, chou blanc, carottes, courgettes, navet, fenouil…)

400 g de tomates pelées ou concassées en boîte

1 cuil. à soupe de concentré de tomate

2 cuil. à café de harissa

1 oignon

4 cuil. à soupe d'huile d'olive

1 cuil. à café de mélange d'épices tabel (coriandre, carvi, ail, piment) ou de ras el-hanout

35 à 50 cl d'eau

1 cuil. à soupe de bouillon de légumes en poudre ou 1 cube

250 g de pois chiches cuits ou en conserve

200 g de semoule fine

Sel

ASTUCES

✓ *On peut remplacer la semoule par du boulgour qui est plus digeste et peut être cuit tout simplement dans de l'eau bouillante salée à couvert pendant 10 minutes.*

✓ *Pour ajouter un peu de fraîcheur, on peut servir avec de la coriandre fraîche.*

Je lave et coupe les légumes et les réserve.

Je mixe les tomates, le concentré de tomate, du sel et la harissa dans un blender ou avec un mixeur plongeant.

J'épluche, je dégerme et je hache grossièrement l'oignon que je fais revenir dans 2 cuil. à soupe d'huile d'olive avec les épices jusqu'à ce qu'il devienne transparent. J'ajoute le mélange à la tomate, de l'eau selon la quantité de légumes, le bouillon, puis, au fur et à mesure, les légumes en fonction de leur temps de cuisson pour qu'ils soient fondants mais restent entiers (d'abord, les carottes et les navets, après les courgettes ou les courges) et enfin les pois chiches égouttés et rincés.

Je laisse mijoter une trentaine de minutes.

Je prépare la semoule que j'enrobe avec 2 cuil. à soupe d'huile d'olive, je sale légèrement et je fais cuire à la vapeur pendant 10 à 15 minutes, puis je l'égraine entre mes mains ou à la fourchette.

Je sers le couscous avec la semoule.

Ces boulettes sont une version des chebtiya, qui sont des boulettes végétales servies avec le couscous dans la cuisine tunisienne. C'est mon amie Laurence Touitou qui m'a appris à les faire lorsque je suis allée la voir à Tunis, et à mon retour notre fil de discussion s'est agrémenté de différentes versions de ces boulettes : avec de la semoule fine ou moyenne, du boulgour ou du pain, frites ou cuites au four. J'ai fini par adopter cette version, avec la sauce créée par Laurence lorsque je ne les sers pas avec un couscous. La texture est incroyable et elles sont encore meilleures réchauffées.

Boulettes végétales

PRÉPARATION : 40 MINUTES
REPOS : 15 À 20 MINUTES
CUISSON : 30 MINUTES

1 botte de blettes ou 300 g d'épinards
1 botte de persil
1 botte de coriandre ou d'aneth
1 oignon ou 4 cébettes
70 g de couscous moyen ou boulgour
4 œufs
1 à 2 cuil. à café de harissa
1 cuil. à café de mélange d'épices tabel (coriandre, carvi, ail, piment) ou de ras el-hanout
Huile végétale pour friture
Sel, poivre

Pour la sauce

1 oignon
2 cuil. à soupe d'huile d'olive
1 cuil. à café de harissa
1 cuil. à soupe de concentré de tomate
1 cuil. à café de mélange d'épices tabel (coriandre, carvi, ail, piment) ou de ras el-hanout
400 g de tomates pelées en boîte
10 cl d'eau

Je lave les épinards ou les blettes, je retire les tiges et je hache les feuilles.

Je lave et sèche les herbes. Je hache les feuilles de persil et d'aneth ou la botte de coriandre. J'épluche, je dégerme et je hache l'oignon ou les cébettes.

Je mélange bien tous les ingrédients dans un saladier, je sale, je poivre et je laisse reposer 15 minutes pour que la semoule ou le boulgour gonfle.

Je fais chauffer une bonne quantité d'huile dans une casserole ou une poêle et je forme des boulettes avec les mains humides ou avec 2 cuillères à soupe et je fais frire les boulettes de tous les côtés, 8 à 10 minutes au total. Je réserve.

Pour la sauce, j'épluche, je dégerme et coupe l'oignon en tranches très fines. Dans une casserole, je fais chauffer l'huile d'olive et j'ajoute l'oignon, la harissa, le concentré de tomate, les épices, je laisse cuire 3 minutes, puis j'intègre les tomates pelées que j'écrase dans la casserole avant d'ajouter l'eau et les boulettes.

Je couvre et je laisse cuire 20 à 25 minutes avant de servir avec des légumes, de la semoule, du boulgour ou du riz.

ASTUCE

La sauce va avec à peu près tout, je la prépare en grande quantité et je la congèle en portions.

Voici une bonne façon de finir tous les légumes qui restent dans le frigo, et avec des « naans » au fromage, tout passe ! La sauce peut servir pour à peu près tout... essayez, vous verrez !

Curry de légumes et flat bread façon naan au fromage

PRÉPARATION : 40 MINUTES
CUISSON : SELON LES LÉGUMES, 15 MINUTES POUR LA SAUCE

600 à 800 g de légumes (courge, patate douce, aubergine, petits pois, champignons...)

2 cuil. à soupe d'huile de sésame

1 grosse poignée de pousses ou feuilles d'épinards

1 botte de coriandre

Sel, poivre

Pour la sauce

1 oignon rouge

2 cuil. à café d'huile de sésame

1 cuil. à café de pâte de curry jaune

1 cuil. à café de pâte de curry rouge

425 g de tomates concassées en boîte

1 cuil. à soupe de beurre de cacahuètes

40 cl de lait de coco

Le jus d'1 citron (vert ou jaune)

Sel, poivre

Pour les naans

1 recette de flat bread (voir recette p. 167)

12 portions de Vache Qui Rit®

Je préchauffe le four à 190 °C.

J'étale les légumes épluchés et coupés sur la plaque du four, j'arrose d'huile de sésame, je sale et je poivre. J'enfourne jusqu'à ce qu'ils soient fondants, le temps dépend des légumes et de leur taille.

Pour la sauce, j'épluche, dégerme et hache l'oignon et je le fais revenir dans l'huile de sésame avant d'ajouter les 2 pâtes de curry, les tiges de coriandre et je laisse cuire en remuant 3 à 5 minutes.

J'intègre ensuite les tomates concassées, puis, après 3-4 minutes, le beurre de cacahuètes, le lait de coco et 10 cl d'eau. Je mélange et je laisse mijoter 10 minutes avant d'ajouter le jus de citron et de rectifier l'assaisonnement.

Lorsque les légumes sont fondants, je les ajoute à la sauce bien chaude avec les épinards.

J'étale la pâte à flat bread en forme de disque et je pose 1 ½ Vache Qui Rit® au centre. Je rabats les côté et j'étale de nouveau la pâte au rouleau. Je cuis le naan à couvert dans une poêle bien chaude, 3 minutes de chaque côté. Je réserve au chaud et je répète l'opération.

Je sers aussitôt parsemé de coriandre hachée et accompagné des naans.

Produit
SALADE POUSSE
D'ÉPINARD
Variété
Cat. Cal.
Prix au kilo €
Unité de vente
Origine FRANCE
AB
AGRICULTURE BIOLOGIQUE
2031
15,35€

Salade
Mâche
Cat.
Cal.
Prix au kilo
Unité de vente

Le chou-rave est entré dans ma cuisine il y a quelques années déjà, toujours épluché et en salade pour sa petite touche croustillante et son goût entre pomme et radis. Et puis, un jour, je l'ai goûté rôti et j'ai trouvé sa texture incroyable, on dirait presque celle des coquilles Saint-Jacques. En le faisant goûter rôti à des amis, je ne connais personne qui a trouvé du premier coup de quel légume il s'agissait… faites le test !

Chou-rave rôti

PRÉPARATION : 20 MINUTES
CUISSON : 25 À 30 MINUTES

3 à 4 choux-raves selon leur taille
2 cuil. à soupe d'huile d'olive
Sel, poivre

Pour la sauce
1 botte d'estragon
125 g de yaourt nature ou de yaourt grec pour une texture plus crémeuse ou de fromage blanc de brebis
1 cuil. à café de moutarde
2 cuil. à café de tahini
2 cornichons ou 1 cuil. à soupe de câpres égouttées
Le jus d'1 citron (zeste facultatif)
2 cuil. à soupe d'huile d'olive
Sel, poivre

ASTUCE

J'adore cette sauce qui fait un peu penser à une béarnaise, mais comme l'estragon peut ne pas plaire à tout le monde à cause de son goût anisé, on peut aussi la préparer avec du basilic ou servir tout simplement un tahini.

Je préchauffe le four à 190 °C.

Je lave et j'enlève les « antennes » des choux-raves, puis je les coupe en quatre ou en huit selon leur taille. J'arrose d'huile d'olive, je sale, je poivre et je les pose sur une plaque de four huilée ou recouverte de papier sulfurisé.

J'enfourne pour 25 à 30 minutes. À mi-cuisson, je les retourne.

Pendant ce temps, je lave et sèche les feuilles d'estragon. Je prépare la sauce en mixant tous les ingrédients.

À la sortie du four, j'épluche les choux-raves (la peau va s'enlever très facilement avec un couteau). Je dresse les quartiers de chou-rave sur la sauce sur un plat, ou je sers la sauce à part et je laisse chacun la doser dans son assiette.

PRIMEURS D'EXCEPTION
LES VERGERS

Je me suis inspirée de la recette anglo-saxonne d'une sauce avec de la mayonnaise servie chaude avec du fromage fondu, n'hésitez pas à essayer sur du pain au levain avec un œuf au plat, en dip pour un apéritif ou comme condiment pour un sandwich.

Cette recette est une version plus légère que l'on peut servir chaude ou froide, mélangée avec un peu de yaourt grec ou de fromage blanc de brebis. Ici, en version chaude, elle va enrober les pâtes, que je conseille de ne pas choisir lisses (plutôt des penne, des farfalle… que des spaghetti ou des tagliatelle).

Pâtes aux artichauts

PRÉPARATION : 20 MINUTES
CUISSON : 10 MINUTES

1 botte d'artichauts poivrade
2 cuil. à soupe de jus de citron
1 gousse d'ail (facultatif)
1 cuil. à soupe de câpres au sel ou au vinaigre
500 g de pâtes au choix
2 cuil. à soupe d'huile d'olive
Sel, poivre

Pour la sauce
1 bocal de cœurs d'artichauts
4 cuil. à soupe d'huile d'olive
½ botte de persil ou 1 botte de basilic
2 cébettes
Sel, poivre

ASTUCES

✓ *La sauce peut être préparée à l'avance.*

✓ *S'il en reste, ces pâtes sont délicieuses froides le lendemain.*

Pour réaliser la sauce, j'égoutte les cœurs d'artichauts avant de les mixer avec tous les autres ingrédients dans un blender ou avec un mixeur plongeant, je réserve.

Je tourne les artichauts poivrade pour ne conserver que les cœurs, que je coupe en fines tranches et que je réserve dans le jus de citron avec un peu d'eau pour éviter qu'ils s'oxydent.

J'épluche, je dégerme et j'émince finement la gousse d'ail. Je rince les câpres.

Je mets les pâtes à cuire selon les instructions du paquet dans de l'eau bouillante salée. Pendant ce temps, je fais chauffer l'huile d'olive dans une poêle et y fais revenir l'ail et les artichauts poivrade émincés, je sale et je poivre, puis, lorsqu'ils sont légèrement colorés, je débarrasse et je réserve.

Avant d'égoutter les pâtes, je prélève 25 cl d'eau de cuisson.

Je fais chauffer la sauce aux artichauts dans la casserole et je l'émulsionne avec l'eau de cuisson avant d'ajouter les pâtes que j'enrobe de sauce.

Je sers aussitôt les pâtes avec, par-dessus, les artichauts poivrade et les câpres.

Voilà une recette facile et bluffante à tester, et il ne faut pas hésiter à varier les sauces pour l'accompagner. À consommer chaude, tiède ou même froide, ce qui permet de la préparer la veille. Ce qui est incroyable, c'est que le jus de citron neutralise l'amertume du chou… mais pas son odeur à la cuisson, pensez à aérer !

Chou braisé au citron & pesto

PRÉPARATION : 20 MINUTES
CUISSON : 25 À 30 MINUTES

1 chou vert
4 cuil. à soupe d'huile d'olive
1 citron bio (jus et zeste)
2 cuil. à café de miel
1 cuil. à soupe de moutarde de Dijon ou douce (facultatif)
1 botte de ciboulette
Sel, poivre

Pour le pesto

1 botte de basilic ou de coriandre
1 poignée de pousses d'épinards (facultatif)
2 cuil. à soupe de graines de courge torréfiées
5 cuil. à soupe d'huile d'olive
2 cuil. à soupe de fromage blanc de brebis (ou de labné ou de yaourt grec)
Sel, poivre

Je préchauffe le four à 200 °C.

Je retire les premières feuilles du chou et je le coupe en quartiers que je pose sur une plaque de four huilée ou recouverte de papier sulfurisé. J'arrose du mélange huile d'olive, jus et zeste finement râpé de citron, miel et moutarde si vous l'utilisez, sel et poivre.

J'enfourne pour 25 à 30 minutes.

Pendant ce temps, je lave les herbes et les épinards si j'en utilise. Je cisèle la ciboulette.

Pour le pesto, je mixe les graines de courge préalablement torréfiées avec le basilic ou la coriandre, les épinards, l'huile d'olive et 4 cuil. à soupe d'eau bien froide, un peu plus si nécessaire pour obtenir une texture assez fluide. J'ajoute alors le fromage blanc.

Lorsque le chou est cuit, je dresse les quartiers sur le pesto sur un plat, ou je sers la sauce à part et je laisse chacun la doser sur son assiette. Je parsème de ciboulette et je sers aussitôt.

Cette recette fonctionne à toutes les saisons et avec à peu près tous les légumes rôtis (tomates, courgettes, courges…) et les champignons (frais ou séchés) varient selon ce que j'ai sous la main, mais toujours avec beaucoup de légumes pour un plat plus digeste.

Polenta crémeuse aux champignons

PRÉPARATION : 30 MINUTES
CUISSON : 30 MINUTES

1 oignon rouge ou 3 cébettes
1 gousse d'ail
500 g de champignons au choix
2 cuil. à soupe d'huile d'olive
30 cl d'eau
1 cuil. à soupe de miso blanc
45 cl de lait
1 cuil. à café de bouillon de légumes en poudre ou ½ cube
15 g de beurre
120 g de polenta
½ botte de persil
50 g de parmesan râpé
Sel, poivre du moulin

ASTUCES

✓ *Les champignons peuvent être préparés à l'avance et réchauffés avant d'être intégrés à la polenta.*

✓ *La polenta crémeuse peut être remplacée par de la polenta frite en bâtonnets pour ajouter un peu de croustillant. Dans ce cas, il faut la préparer à l'avance, la laisser figer dans un moule et la découper en bâtonnets à frire dans une poêle ou au four avec un peu d'huile d'olive.*

J'épluche, je dégerme et je hache l'oignon ou les cébettes et l'ail. Je lave et j'émince les champignons.

Je fais chauffer l'huile d'olive à feu moyen dans une poêle et y fais revenir l'oignon et l'ail sans colorer. Lorsque l'oignon est transparent, j'ajoute les champignons et je monte le feu si nécessaire pour éliminer l'eau de végétation. J'ajoute 10 cl d'eau et le miso, je mélange et je porte à ébullition avant de réserver.

Dans une casserole, je fais chauffer 20 cl d'eau avec le lait, le bouillon, le beurre, du sel et du poivre. Lorsque le mélange est frémissant, je baisse à feu moyen et je verse la polenta en pluie en fouettant pendant 2 minutes pour éviter les grumeaux. Je laisse cuire pendant 8 minutes supplémentaires à couvert.

Je lave, sèche et cisèle le persil.

J'intègre le parmesan dans la casserole, puis les champignons, je mélange et je sers aussitôt avec un tour de poivre du moulin et du persil ciselé sur le dessus.

Pendant des années, j'ai cuisiné, assez rarement, de la ratatouille qui était soit fade et pleine d'eau, soit prenait des heures puisque je poêlais chaque légume à part avant de les laisser confire ensemble. Et puis, une amie m'a remis les légumes dans l'ordre… Désormais, pour allier simplicité et goût, je prépare régulièrement une cocotte de ratatouille, que je portionne et congèle et que j'utilise pour une entrée chaude ou froide, un accompagnement, pour y casser un œuf, avec du riz, des pâtes… Ça a l'air trop simple pour être vrai, et pourtant…

La ratatouille de 2 heures

PRÉPARATION : 20 MINUTES
CUISSON : 2 H 15

2 oignons
2 gousses d'ail
2 cuil. à soupe d'huile d'olive
1 cuil. à café de concentré de tomate
1 cuil. à café de paprika fumé (facultatif)
2 poivrons rouges
3 aubergines
4 courgettes
4 belles tomates ou 400 g de tomates concassées en boîte
Quelques feuilles de laurier
1 botte de persil ou de basilic (facultatif)
Sel, poivre

ASTUCES

✓ *La ratatouille est délicieuse dans un sandwich avec un œuf poché ou dur écrasé à la fourchette, du persil et de la ciboulette ciselés.*

✓ *On peut aussi verser directement la ratatouille dans une poêle, casser un œuf dessus, couvrir jusqu'à ce que l'œuf soit cuit et servir avec une tranche de pain.*

J'épluche et dégerme les oignons et l'ail, je les hache et les fais revenir à l'huile d'olive à feu moyen dans une grande casserole ou une cocotte en fonte, sans les colorer, avec le concentré de tomate et le paprika.

Je coupe les poivrons en deux, j'enlève les graines, le pédoncule, je les coupe en lanières et les ajoute dans la casserole en remuant.

Je coupe les bouts des aubergines et des courgettes, je les détaille en petits cubes ou en bâtonnets et je les intègre dans la casserole. Je mélange délicatement et je laisse cuire 3 à 5 minutes avant d'ajouter les tomates fraîches coupées en dés ou les tomates concassées.

Je couvre et je laisse cuire environ 5 minutes, ça devrait commencer à bouillonner. J'ajoute du sel, du poivre, le laurier, la botte de persil ou de basilic entière rincée, je mélange à nouveau et je couvre. Ensuite, soit je baisse à feu doux pour laisser mijoter à la casserole, soit j'enfourne dans un four préchauffé à 120 °C pour environ 2 heures.

Pendant la cuisson, je mélange une ou deux fois, et si nécessaire j'entrouvre le couvercle pour laisser s'évaporer une partie du jus des légumes.

Après 2 heures, la ratatouille doit être bien confite. J'enlève le laurier, le persil ou le basilic et c'est prêt !

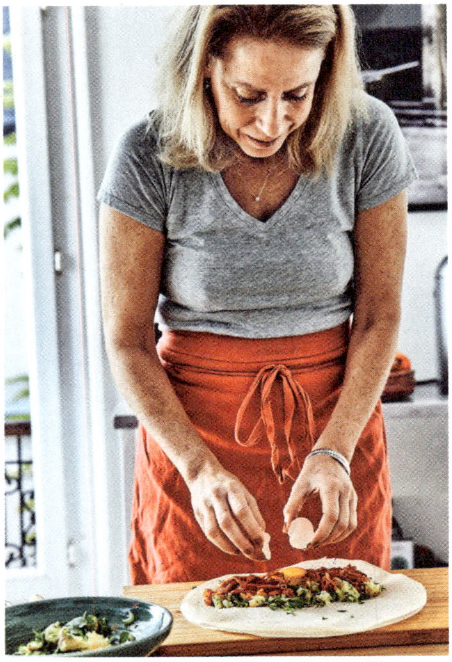

C'est ma version végétarienne des bricks au thon. C'est rapide et délicieux, mais il faut vraiment les déguster minute, car elles supportent difficilement d'attendre et encore moins d'être réchauffées... Je ne fais pas un bain de friture mais il faut quand même mettre un peu d'huile dans la poêle pour les faire dorer, et surtout que la poêle soit assez grande...

Cette recette se prête à toutes les variations en fonction de ce qu'il vous reste dans votre réfrigérateur.

Brick

PRÉPARATION : 20 MINUTES
CUISSON : 10 MINUTES + 6 À 8 MINUTES PAR BRICK

2 poivrons ou 1 bocal de 400 g égoutté
½ botte de persil
½ botte de menthe ou de coriandre
2 cébettes ou 1 botte de ciboulette
2 oignons
4 cuil. à soupe d'huile d'olive
1 cuil. à café de harissa
1 cuil. à café de paprika fumé
300 g de pommes de terre cuites
1 cuil. à soupe de câpres
8 feuilles de brick
4 œufs
Huile végétale pour frire

Je préchauffe le four à 180 °C. Je fais griller les poivrons pendant 30 minutes jusqu'à ce que la peau soit noircie. Une fois refroidis, je les épluche, retire le pédoncule et les graines, puis je les coupe en lanières. J'essaie de garder le jus.

Je lave, sèche et hache les herbes. J'épluche, je dégerme et je coupe les oignons en tranches fines. Je fais chauffer 2 cuil. à soupe d'huile d'olive dans une poêle et je fais revenir les oignons avec les épices sans les laisser colorer.

Lorsqu'ils sont transparents j'ajoute les poivrons, le jus, du sel, du poivre et je laisse cuire à feu moyen pendant 10 minutes.

Je mélange les pommes de terre coupées en petits dés avec les poivrons, les herbes fraîches et les câpres rincées et égouttées.

Je pose à plat 1 feuille de brick, que je badigeonne au pinceau d'huile d'olive avant de poser une 2e feuille et un quart de la garniture sur une moitié de la feuille.

Je fais chauffer l'huile dans une poêle et, quand elle est bien chaude, je casse 1 œuf sur la garniture, je referme la brick en deux et je la pose dans la poêle en appuyant sur les bords pour les sceller à la cuisson.

Après 3 à 4 minutes, je la retourne délicatement avec une spatule, et lorsque l'autre côté est également bien doré, je sers aussitôt.

On peut mettre tout ce qui nous plaît dans une galette mexicaine ! Chez moi, on est fan de fajita, que je fais avec beaucoup de poivrons et d'oignons. La version à base de chili végétarien remporte tous les suffrages… enfin, surtout quand il y a du fromage fondu et un peu de crème !

Tacos

PRÉPARATION : 30 MINUTES
CUISSON : 20 À 30 MINUTES

1 oignon

1 branche de céleri

1 courgette

1 carotte (facultatif)

2 cuil. à soupe d'huile végétale

1 cuil. à soupe de mélange d'épices pour chili (paprika fumé, cumin, piment)

400 g de tomates concassées en boîte

400 g de haricots rouges en boîte ou 300 g de haricots azuki cuits

50 g de lentilles beluga ou vertes crues

10 cl d'eau chaude

1 galette de blé (wrap) ou 1 taco de maïs par personne

½ botte de persil ou de ciboulette ou de cébettes

1 cuil. à soupe de crème épaisse

1 avocat

½ citron

4 cuil. à soupe de cheddar râpé

Sel, poivre

Je lave et j'épluche tous les légumes. Je dégerme et je hache l'oignon. Je hache le céleri. Je taille la courgette et la carotte en julienne.

Dans une casserole, une poêle ou un faitout, je fais revenir l'oignon dans l'huile avec les épices à feu moyen, puis j'ajoute courgette, céleri et carotte et je fais cuire pendant 5 minutes.

J'intègre ensuite les tomates concassées, les haricots rouges égouttés et rincés, les lentilles préalablement rincées, l'eau chaude, du sel et du poivre. Je laisse mijoter à découvert à feu doux pendant 20 à 25 minutes en remuant de temps en temps.

Je sers aussitôt avec les galettes ou les tacos réchauffés quelques minutes au four, le tout accompagné de persil ou de ciboulette ciselée, de crème épaisse, de tranches d'avocat citronnées et de cheddar râpé.

Depuis qu'ils les ont découvertes dans un restaurant chinois à Paris, mes enfants sont fans des galettes aux cébettes. Il existe de nombreuses variations avec plus ou moins d'œuf, plus ou moins frites, aux cébettes ou aux poireaux, et ils les aiment toutes – moi aussi, d'ailleurs.

J'en ai partagé une dans un autre de mes livres et je fais, quand j'ai le temps, la recette de Bao Family que j'ai trouvée sur le site Fooding. Celle-ci est simple, bien équilibrée, et la combinaison cébettes, carottes et coriandre, quand j'en ai, fonctionne bien.

Crêpes de riz aux cébettes & carottes, sauce vinaigre & soja

PRÉPARATION : 20 MINUTES
CUISSON : 10 MINUTES

1 grosse carotte
6 cébettes
½ botte de coriandre (facultatif)
2 œufs
4 cuil. à soupe de farine de riz ou de fécule de maïs
2 cuil. à café d'huile de sésame
Sel, poivre

Pour la sauce vinaigrée
5 cuil. à soupe de sauce soja
5 cuil. à café de vinaigre de riz
1 cuil. à café de piment en poudre (facultatif)
1 cuil. à café de graines de sésame (facultatif)
Quelques feuilles de coriandre

ASTUCE

On peut remplacer la carotte par des haricots verts ou des haricots coco plats.

J'épluche et je taille la carotte en julienne. Je lave et j'émince les cébettes et la coriandre en réservant une partie des feuilles.

Dans un saladier, je mélange les œufs, la farine de riz, 1 pincée de sel et 4 cuil. à soupe d'eau. Une fois la pâte bien lisse, j'ajoute les légumes.

Je fais chauffer l'huile de sésame dans une poêle, je verse la pâte et je laisse cuire 3 à 5 minutes de chaque côté pour que la galette soit bien colorée et croustillante.

Pour la sauce, je mélange tous les ingrédients dans un bol.

Je débarrasse, je coupe en parts et je sers aussitôt avec la sauce vinaigrée.

Depuis que j'ai découvert à quel point il est facile de faire des flat breads, je m'en sers littéralement à toutes les sauces et notamment pour faire des sandwichs gourmands minute avec les légumes que j'ai sous la main. Ici, ce sont des courgettes, taillées dans le sens de la longueur, juste poêlées, avec un peu de roquette, de tapenade, du parmesan et un filet d'huile d'olive.

Cette recette est peut-être un peu moins simple que celle de mon précédent livre (*Essentiel(s). Ma boîte à outils en cuisine*, Éditions de La Martinière), mais la levure de boulanger les rend plus digestes et permet d'utiliser cette pâte pour faire des naans.

Wraps

PRÉPARATION : 30 MINUTES (SELON LA COMPLEXITÉ DE LA GARNITURE)
REPOS : 1 HEURE
CUISSON : 20 MINUTES

Pour les flat breads

7 g de levure de boulanger sèche
1 cuil. à café de sucre de canne
450 g de farine de blé blanche ou semi-complète
2 cuil. à café de sel
5 cl d'huile d'olive ou 50 g de ghee
125 g de yaourt nature
22,5 cl d'eau tiède

Pour la garniture

2 courgettes
2 cuil. à soupe d'huile d'olive
2 grosses poignées de roquette
2 cuil. à soupe de tapenade
50 g de parmesan râpé
Sel, poivre

Je dissous la levure et le sucre dans un peu d'eau tiède et je laisse reposer une dizaine de minutes pour que le mélange commence à faire des bulles.

Je mélange la farine, le sel, l'huile d'olive et le yaourt dans un grand bol et je creuse un puits où je verse la levure et l'eau tiède. Je mélange avec une cuillère ou le crochet d'un robot pâtissier pour obtenir une pâte homogène et légèrement élastique que je pétris pendant 5 à 7 minutes.

Je forme une boule dans un bol préalablement huilé. Je couvre avec un torchon et je laisse reposer dans un endroit chaud pour que la pâte double de volume environ 1 heure.

Pendant ce temps, je coupe les courgettes avec une mandoline ou un économe dans le sens de la longueur pour réaliser des tranches très fines, que je poêle rapidement dans un peu d'huile d'olive à feu vif.

Je dégaze la pâte en la pétrissant rapidement, puis je la coupe en 10 boules que j'étale avec un rouleau à pâtisserie en disques d'environ 15 centimètres de diamètre. Je les poêle à sec (ou à la poêle huilée au pinceau) à feu vif sous un couvercle pendant 1 à 2 minutes de chaque côté.

Il ne reste plus qu'à garnir les galettes avec des courgettes, de la roquette, de la tapenade et du parmesan, à assaisonner à votre goût et à servir chaud.

Les tagliatelles de riz sont particulièrement digestes et leur goût neutre permet de les déguster chaudes (par exemple, en pad thaï) ou froides dans une salade bien assaisonnée. Le plus souvent, j'utilise une sauce à base de vinaigre de riz ou de beurre de cacahuètes, et puis j'ai testé avec cette sauce au miso qui ne manque pas de caractère. Concombre, radis, chou blanc ou courgette, à vous de choisir !

Salade de tagliatelles de riz au concombre & sauce au miso rouge

PRÉPARATION : 20 MINUTES
CUISSON : 5 MINUTES

1 paquet de 400 g de tagliatelles de riz
1 botte de coriandre
1 concombre
1 quartier de chou blanc
2 branches de céleri (facultatif)
1 cuil. à soupe de graines de sésame

Pour la sauce au miso rouge

65 g de pâte de miso rouge
2 cuil. à soupe de sucre de canne
1 cuil. à soupe de vinaigre de riz ou de jus de citron vert
2 cuil. à soupe de mirin ou de saké
1 cuil. à soupe de sauce soja
2 cuil. à café de moutarde
1 cuil. à café de gingembre râpé
1 cuil. à café d'huile de sésame

J'émulsionne tous les ingrédients de la sauce avec 2 à 3 cuil. à soupe d'eau chaude, je réserve.

Je fais cuire les tagliatelles selon les instructions du paquet et je les égoutte avant de les faire tremper au moins 10 minutes dans de l'eau froide et de les égoutter à nouveau.

Je lave, sèche et émince la coriandre. J'épluche et j'épépine le concombre, je le taille en tronçons en biseau. Je tranche le chou très finement au couteau ou à la mandoline. Je lave et j'émince le céleri si j'en utilise.

Je réunis l'ensemble des ingrédients dans un saladier : la sauce au fond, puis les tagliatelles, les légumes, les herbes et les graines de sésame et je mélange seulement au moment de servir.

ASTUCE

On peut utiliser des nouilles udon à la place des tagliatelles de riz et varier les légumes.

J'adore ce plat chinois, mais dans l'écrasante majorité des restaurants, il est préparé avec du porc. J'en fais de temps en temps une version végétarienne à la maison. J'aime beaucoup cette recette, que je sers avec un peu de riz.

Mapo Tofu

PRÉPARATION : 20 MINUTES
TREMPAGE DES HARICOTS : 8 HEURES
CUISSON : 1 HEURE

100 g de haricots azuki

150 g de shiitakés (ou de champignons bruns)

1 cuil. à soupe d'huile de sésame + 1 cuil. à café

400 g de tofu ferme

1 gousse d'ail (facultatif)

2 cuil. à café de gingembre frais

1 cuil. à soupe de pâte de piment type gochujang

2 cuil. à café de miso rouge

2 cuil. à café de sauce soja

30 cl de bouillon de légumes

1 cuil. à soupe de fécule de maïs

3 cuil. à soupe d'eau

2 à 3 cébettes

Sel

La veille, je mets à tremper les haricots azuki pendant au moins 8 heures avant de les cuire dans une grande quantité d'eau selon les instructions du paquet (environ 40 minutes).

Je lave et je poêle les shiitakés entiers dans la cuil. à soupe d'huile de sésame 8 à 10 minutes pour qu'ils soient bien cuits.

Je rince, j'éponge dans du papier absorbant et je coupe le tofu en cubes, avant de verser par-dessus de l'eau bouillante salée. Je laisse reposer 15 minutes avant d'égoutter.

J'épluche et je râpe l'ail et le gingembre. Je fais chauffer la cuil. à café d'huile de sésame dans une poêle et j'ajoute l'ail, le gingembre et la pâte de piment, je laisse cuire 3 minutes à feu moyen. J'ajoute le miso, la sauce soja et le bouillon de légumes, puis les haricots égouttés, les champignons, le tofu et je laisse cuire 5 minutes.

Je dilue la fécule de maïs dans l'eau et j'ajoute cette pâte dans la poêle en mélangeant délicatement pour ne pas écraser le tofu pendant 3 minutes, juste pour épaissir un peu la sauce.

Je transfère dans un plat et je sers aussitôt parsemé des cébettes émincées.

Chermoula de coriandre

PRÉPARATION : 10 MINUTES
CUISSON : 5 MINUTES

1 botte de coriandre
½ botte de persil plat
1 cuil. à café de graines de cumin
1 cuil. à café de graines de coriandre
2 cuil. à café de jus de citron jaune ou vert
3 cuil. à soupe d'huile d'olive
2 cuil. à café de vinaigre de vin
1 cuil. à café de paprika (je préfère le paprika fumé)
1 cuil. à café de harissa (facultatif)
1 cuil. à soupe d'écorce de citron confit finement émincée
Sel, poivre

Je lave, sèche et émince finement les herbes. Je torréfie les graines de cumin et de coriandre 5 minutes à la poêle à feu moyen. Je laisse refroidir.
Je mélange tous les ingrédients dans un bol et je réserve au frais. Cette sauce peut être préparée à l'avance et conservée au réfrigérateur dans un bocal hermétique jusqu'à 5 jours.
Elle se marie avec des tomates crues ou rôties, de la feta ou une mozzarella, des légumes d'été (radis, concombre, carottes...), mais aussi avec de l'avocat et pour les non végétarien, avec du poisson, des boulettes de viande, du poulet grillé...

Des sauces à tout faire…

Ces trois recettes de sauce sont une bonne façon de transformer en quelques minutes une assiette de légumes, de légumineuses et de céréales.

Salsa verde

PRÉPARATION : 15 MINUTES
RÉFRIGÉRATION : 1 HEURE

1 botte de persil
½ botte de coriandre et/ou de ciboulette et/ou de cerfeuil et/ou d'estragon (facultatif)
1 gousse d'ail
1 cuil. à soupe de câpres
4 à 6 filets d'anchois en conserve
Le zeste d'1 citron jaune bio
15 cl d'huile d'olive
2 cuil. à soupe de vinaigre de vin
1 pincée de piment en poudre

Je lave, sèche et hache les herbes. J'épluche, je dégerme et hache finement l'ail. Je rince et j'égoutte les câpres et les anchois. Je mixe les anchois avec un peu d'huile d'olive pour obtenir une pâte grossière.
Je mélange soigneusement tous les ingrédients et je laisse la sauce infuser au frais au moins 1 heure avant de servir.
Dans un bocal hermétique, cette sauce se conserve 1 semaine au réfrigérateur. Hiver comme été, je la sers sur des légumes grillés. Elle accompagne également très bien un poisson, tout simplement poêlé ou cuit au four, servi avec une salade ou des tomates.

Sauce au yaourt aux herbes & piment

PRÉPARATION : 10 MINUTES

½ botte de menthe
Quelques brins de persil
Quelques brins d'aneth ou de coriandre ou de cerfeuil ou d'estragon
½ concombre (facultatif)
2 cuil. à soupe d'huile d'olive
1 petit piment rouge ou 2 verts
1 citron vert bio (zeste et jus)
250 g de yaourt grec ou de fromage blanc de brebis
1 cuil. à café de paprika fumé ou de cumin en poudre ou de sumac
Sel, poivre

Je lave, sèche et effeuille les herbes. Je lave, épépine et râpe le concombre si j'en utilise.

Je mixe l'huile avec les herbes, le piment et le zeste de citron en réservant quelques feuilles de menthe que j'effile finement au couteau ou avec une paire de ciseaux.

Je mélange cette pâte au yaourt ou au fromage blanc avec le jus de citron, les feuilles de menthe émincées, les épices, du sel, du poivre et, le cas échéant, j'ajoute le concombre râpé.

Je sers avec des pitas ou des crackers à l'apéritif, ou comme sauce avec des galettes végétariennes, des bricks (par exemple, aux épinards) ou du poisson…

Pour le sucré, plutôt dessert ou goûter ?

J'aime beaucoup les pâtisseries de chefs mais, au quotidien, ma préférence va aux biscuits, crêpes, clafoutis, cakes ou crumbles. Le plus simple est souvent le mieux !

J'évite de mélanger trop de parfums différents et je n'utilise plus de sucre blanc depuis longtemps. Le seul fait de varier les sucres, plus ou moins parfumés, au pouvoir plus ou moins sucrant, modifie le goût des recettes. J'applique ce même parti pris aux farines, car il n'y a pas que la farine de blé dans la vie !

Ces recettes peuvent être dégustées à tous les moments de la journée. Chacun peut y ajouter selon ses envies des fruits crus ou cuits, des glaces ou sorbets, ou juste une chantilly maison.

L'Earl Grey est traditionnellement un mélange de thé noir aromatisé à la bergamote, petit agrume originaire de Sicile ou de Calabre, qui se décline également sur une base de thé blanc ou de thé vert Oolong. Il est parfois agrémenté de fleurs de bleuet ou de fleurs d'oranger pour accentuer sa légère acidité. Il est souvent utilisé pour des recettes de tartes aux agrumes ; ici, il entre dans la pâte des sablés et dans le glaçage au chocolat blanc, qui, grâce à son goût assez neutre, permet au thé de développer ses arômes acidulés.

Sablés au thé Earl Grey

PRÉPARATION : 20 MINUTES
REPOS : 2 HEURES MINIMUM
CUISSON : 12 À 14 MINUTES

50 g de beurre mou

50 g de sucre de canne

100 g de farine + pour le plan de travail

1 cuil. à café de thé Earl Grey réduit en poudre

Pour le glaçage

100 g de chocolat blanc

1 cuil. à café de beurre de cacao ou d'huile de coco

1 cuil. à café de thé Earl Grey

ASTUCE

La pâte peut être préparée à l'avance et congelée.

Je préchauffe le four à 170 °C.

Je mélange le beurre et le sucre au batteur muni de la feuille ou au fouet jusqu'à ce que le mélange soit blanchi et crémeux. J'ajoute alors, en une seule fois, la farine et le thé, je mélange sans trop travailler la pâte pour obtenir une boule que je filme avant de la laisser reposer au frais pendant au moins 2 heures.

Lorsque la pâte est bien refroidie, je la sors et je l'étale sur une épaisseur d'environ 2 mm sur un plan de travail fariné. J'utilise un emporte-pièce pour découper environ 25 biscuits de la taille souhaitée.

Je renouvelle l'opération jusqu'à épuisement de toute la pâte, je dispose les découpes bien espacées sur une plaque de cuisson recouverte de papier sulfurisé et j'enfourne pour 12 à 14 minutes.

À la sortie du four, je transfère les biscuits sur une grille et, lorsqu'ils sont complètement refroidis, je fais fondre le chocolat blanc au bain-marie avec le beurre de cacao ou l'huile de coco. Je trempe à moitié les biscuits dans le chocolat blanc avant de saupoudrer de thé et de laisser prendre sur une feuille de papier sulfurisé, au frais.

Quand le glaçage est bien figé, je sers les biscuits ou je les mets dans un bocal hermétique afin de conserver leur croustillant plusieurs jours.

Ma grand-mère avait toujours une boîte de halva à la maison, et je n'avais jamais imaginé le préparer moi-même jusqu'au jour où j'ai essayé et j'ai réalisé que c'était simple. La technicité repose sur la température de cuisson : il suffit d'investir dans un thermomètre et le tour est joué ! Je déguste le halva en petits carrés pour accompagner une salade de fruits.

Halva aux pistaches

PRÉPARATION : 10 MINUTES
CUISSON : 10 MINUTES
RÉFRIGÉRATION : 24 HEURES MINIMUM

11 cl d'eau

240 g de sucre de canne

270 g de tahini

1 à 2 cuil. à soupe d'eau de fleur d'oranger ou de rose

50 g de pistaches

Je fais bouillir l'eau et le sucre dans une casserole jusqu'à ce que la température atteigne 121 °C avant de verser le sirop sur le tahini.

Je mélange au fouet, j'ajoute l'eau de fleur d'oranger ou de rose, les pistaches, puis je verse le tout dans un moule chemisé de papier sulfurisé avant de laisser prendre au frais au moins 24 heures filmé.

Je sers le halva frais coupé en petits dés ou en tranches fines.

Cette recette permet de préparer une grande tarte de 18 à 20 cm de diamètre ou 6 tartelettes de 8 cm de diamètre.

Tarte(lette) au sésame noir

PRÉPARATION : 30 MINUTES
REPOS : 3 HEURES
CUISSON : 20 À 35 MINUTES

Pour la pâte à tarte

- 200 g de farine
- 55 g de poudre d'amandes
- 100 g de sucre glace
- 1 pincée de sel
- 15 g de graines de sésame noir moulues
- 120 g de beurre bien froid + pour le moule
- 1 œuf moyen

Pour la ganache

- 250 g de chocolat blanc
- 15 g de beurre
- 140 g de crème épaisse
- 10 g de pâte de sésame noir
- Graines de sésame noir et/ou de sésame blanc

ASTUCES

✓ *La ganache peut être préparée à l'avance et j'utilise alors une poche pour la répartir dans le ou les fonds de tarte.*

✓ *On peut aussi saupoudrer un peu de thé vert matcha sur le dessus.*

Je mélange la farine, la poudre d'amandes, le sucre glace, le sel et les graines de sésame noir. J'ajoute le beurre froid coupé en dés et je sable à la main ou au robot pour obtenir un sable bien fin. Je forme un puits pour incorporer l'œuf battu afin de former une boule, sans trop la travailler.

Je filme la pâte et la laisse reposer au frais au moins 1 heure avant de l'étaler au rouleau et de l'abaisser dans un moule ou un cercle à tarte de 20 à 22 cm de diamètre soigneusement beurré.

Je pique la pâte à la fourchette et la mets à reposer au congélateur au moins 30 minutes ou au réfrigérateur encore au moins 1 heure.

Je préchauffe le four à 160 °C.

Je précuis la pâte au four pendant 35 minutes pour une grande tarte et 20 minutes pour des tartelettes.

Pour la ganache, je mets le chocolat blanc concassé dans un saladier avec le beurre coupé en petits morceaux.

Je fais bouillir la crème dans une casserole. J'ajoute la pâte de sésame noir et je fouette ou j'utilise un mixeur plongeant pour la dissoudre complètement avant de verser le mélange toujours bouillant sur le chocolat et le beurre. Je fouette ou je mixe pour obtenir un mélange bien lisse et brillant que je verse sur le ou les fonds de tarte et je laisse prendre au frais au moins 1 heure.

Je décore avec quelques graines de sésame noir et/ou de sésame blanc.

À mi-chemin entre des sablés et des cookies, ils sont dévorés en quelques jours à peine. Petits ou gros, je vous laisse tester et trancher cette question délicate...

Cookies tout chocolat

PRÉPARATION : 20 MINUTES
REPOS : 30 MINUTES À 1 HEURE
CUISSON : 10 À 11 MINUTES

150 g de chocolat noir

110 g de sucre de canne complet ou de cassonade ou de vergeoise

150 g de beurre demi-sel pommade

1 œuf

175 g de farine

30 g de cacao en poudre

1 cuil. à café de bicarbonate alimentaire ou de levure chimique

---

ASTUCES

✓ *Avec cette recette, je fais des gros cookies d'environ 40 g, ou des mini-cookies de 25 g pour accompagner un thé, un dessert aux fruits... et j'adapte le temps de cuisson en fonction du poids.*

✓ *Chaque sucre utilisé va donner un goût un peu différent à cette recette, choisissez celui que vous préférez.*

✓ *Pour renforcer le côté un peu salé que j'adore avec le chocolat, vous pouvez saupoudrer le dessus d'un peu de fleur ou de flocons de sel avant cuisson.*

Je coupe le chocolat en petits morceaux et je réserve.

Je mélange le sucre et le beurre à la cuillère ou à la feuille du robot pâtissier avant d'ajouter l'œuf, puis tous les autres ingrédients. Dès qu'une boule se forme, j'arrête de mélanger comme pour une pâte à tarte afin d'éviter de trop la travailler.

Je laisse la pâte dans un bol ou je fais 2 boudins du diamètre souhaité des cookies et je les filme. Je laisse reposer au frais pendant 30 minutes à 1 heure.

Je préchauffe le four à 170 °C.

Avec les mains, je forme de petites boules de pâte que j'aplatis sur une plaque de four huilée ou recouverte de papier sulfurisé, en les espaçant suffisamment pour que les cookies puissent s'étaler un peu en cuisant. Si j'ai préparé des boudins de pâte, je les découpe en tranches d'au moins 1 cm d'épaisseur.

J'enfourne pour 10 à 11 minutes selon la taille des cookies.

Ils seront mous à la sortie du four, c'est normal, il faut les laisser un peu sur la plaque du four avant de les débarrasser, pour qu'ils finissent de refroidir sur une grille.

J'adore l'association du piquant du gingembre et du côté caramélisé de la mélasse dans ces biscuits bien tendres. Avec un thé ou des fruits crus ou cuits en dessert, c'est toujours un bonheur !

Cookies au gingembre et à la mélasse de sucre

PRÉPARATION : 20 MINUTES
RÉFRIGÉRATION : 30 MINUTES MINIMUM
CUISSON : 10 À 11 MINUTES

150 g de beurre pommade

50 g de sucre de canne
+ 4 cuil. à soupe

85 g de mélasse de sucre

1 œuf

220 g de farine

1 cuil. à soupe de gingembre en poudre

1 cuil. à café de bicarbonate alimentaire

1 pincée de fleur de sel

20 g de gingembre confit

Huile pour la plaque

ASTUCE

On peut également laisser reposer cette pâte sous forme de boudin filmé, roulé dans le sucre, puis le découper en tronçons au moment de la cuisson.

Au batteur électrique, je fouette le beurre pommade avec le sucre et la mélasse pour obtenir une texture aérienne. J'ajoute l'œuf, puis la farine, le gingembre en poudre, le bicarbonate, la fleur de sel et le gingembre confit haché.

Je forme une boule et je laisse reposer au frais au moins 30 minutes.

Je préchauffe le four à 170 °C.

Avec les mains ou une cuillère à glace, je forme des boules de 35 g avec la pâte que je roule dans les 4 cuil. à soupe de sucre. Je les dépose au fur et à mesure, bien espacées, sur une plaque de four huilée ou recouverte de papier sulfurisé et je les aplatis légèrement.

J'enfourne pour 10 à 11 minutes.

À la sortie du four, je laisse complètement refroidir sur une grille avant de servir.

Ces biscuits se conservent plusieurs jours dans un bocal hermétique.

Très facile à réaliser et au résultat bluffant et tellement gourmand qu'il en reste rarement. Le mélange beurre, sucre et œuf qui caramélise fait toute la différence… l'essayer c'est l'adopter !

Gâteau aux pommes fondantes

PRÉPARATION : 20 MINUTES
CUISSON : 55 MINUTES À 1 HEURE

4 pommes rouges
100 g de beurre (ou d'huile de coco) + pour le moule
10 cl de lait (ou de boisson à la noix de coco ou à l'amande)
2 œufs
100 g de sucre complet
100 g de farine
1 sachet de levure chimique (11 g)
1 pincée d'épice en poudre (fève tonka, cannelle ou vanille)

Pour la finition
20 g de beurre fondu
30 g de sucre complet
30 g d'œuf battu

Je préchauffe le four à 180 °C.

J'épluche et je coupe les pommes à la mandoline en tranches très fines.

Je fais fondre le beurre dans le lait ou la boisson végétale.

Je fouette les œufs et le sucre jusqu'à ce que le mélange blanchisse, puis j'ajoute la farine, la levure, l'épice de mon choix, et enfin le mélange boisson végétale, beurre ou huile de coco. Lorsque j'utilise du lait d'amande, je l'associe plutôt au beurre et l'huile de coco souligne le goût de la noix de coco.

J'intègre les tranches de pommes dans la pâte.

Je beurre un moule de 20 cm de diamètre et je verse la pâte avant d'enfourner pour 45 à 50 minutes. À mi-cuisson, je mélange le beurre fondu, le sucre et l'œuf et je verse sur le gâteau. Je laisse cuire jusqu'à ce que les pommes soient fondantes. La pointe d'un couteau doit ressortir sèche du gâteau.

Je le sers tiède ou froid mais idéalement pas directement à la sortie du réfrigérateur. Ce gâteau est également délicieux le lendemain.

J'adore le pep's de la fine couche de confiture sous les pommes coupées très fines à la mandoline qui fondent délicatement sous la pâte. Ma préférence va aux agrumes : citron, orange, mandarine… mais c'est très bon également avec une confiture de myrtilles ou de framboises. Avec une boule de glace ou juste une cuillerée de crème épaisse, c'est à tomber…

Tarte aux pommes façon pie

PRÉPARATION : 30 MINUTES
REPOS : 2 HEURES MINIMUM
CUISSON : 45 À 50 MINUTES

Pour la pâte à tarte

- 250 g de farine
- 1 cuil. à soupe de sucre de canne
- 1 pincée de sel
- 185 g de beurre très froid
- 1 jaune d'œuf
- 2,5 cl de lait tiède
- 1 œuf pour la dorure

Pour la garniture

- 1 kg de pommes à chair ferme
- 2 cuil. à soupe de jus de citron
- 2 cuil. à soupe de sucre de canne (idéalement complet)
- 2 cuil. à soupe de confiture (agrumes, myrtilles ou framboises)

ASTUCE

La pâte peut être préparée à l'avance, elle peut même être congelée. Pour une épaisseur uniforme, j'étale toujours devant moi en faisant tourner le disque de pâte d'un quart de cercle à chaque fois.

Je sable la farine, le sucre, le sel et le beurre coupé en dés du bout des doigts ou au robot pour obtenir un sable très fin, puis j'ajoute le mélange jaune d'œuf et lait tiède. Ensuite, je mélange pour obtenir une boule homogène sans pétrir et j'aplatis avant de filmer, puis de laisser reposer au frais au moins 2 heures.

Au moment de préparer la tarte, je préchauffe le four à 170 °C.

Je coupe les pommes lavées mais pas épluchées en tranches très fines à la mandoline et je les arrose de jus de citron et de sucre.

J'étale la pâte finement et je découpe deux disques. Je fonce le premier dans un cercle ou un moule à tarte en appuyant bien sur les côtés et en veillant à faire un angle droit avec le fond.

Je pique la pâte à la fourchette, puis j'étale la confiture au fond et je répartis les pommes dessus. Je pose le second disque de pâte et je pince bien pour sceller les deux pâtes tout autour.

Je fais un petit trou sur le dessus, et éventuellement, je décore comme ici avec des chutes de pâte découpées à l'emporte-pièce, puis je dore au pinceau avec l'œuf battu.

J'enfourne pour 45 à 50 minutes et je sers tiède.

En tarte, en gâteau, en compote nature, à la vanille, au gingembre ou pochée au vin, j'aime la chair de la poire avec son côté fondant qui fait des merveilles en pâtisserie.

Gâteau aux poires & pistaches

PRÉPARATION : 20 MINUTES
CUISSON : 40 À 45 MINUTES

3 œufs
100 g de sucre de canne + pour la cuisson
110 g de farine
1 sachet de levure chimique (11 g)
80 g de poudre de pistaches
100 g de beurre + pour le moule
2 poires bio

Pour le décor
Poudre de pistaches

ASTUCE

Je chemise souvent le fond du moule pour pouvoir le démouler plus facilement. Pour cela, je découpe un disque de papier cuisson de la taille de la base du moule que je place au fond avant de verser la pâte.

Je préchauffe le four à 175 °C.

Dans un saladier, je fouette les œufs avec le sucre jusqu'à ce que le mélange blanchisse et soit mousseux, puis j'ajoute la farine, la levure, la poudre de pistaches et le beurre préalablement fondu.

Je coupe les poires en deux, j'enlève le cœur et les pépins et je les détaille, sans les éplucher, en très fins quartiers.

Je verse la pâte dans un moule de 20 cm de diamètre beurré, je pose sur le dessus les quartiers de poire et j'enfourne pour 40 à 45 minutes. 10 minutes avant la fin de la cuisson, je saupoudre un peu de sucre sur le dessus du gâteau pour le faire caraméliser légèrement (facultatif).

Le gâteau est cuit lorsque la pointe d'un couteau en ressort sèche. À la sortie du four, je le laisse refroidir un peu avant de le démouler et de le servir tiède ou froid avec un peu de poudre de pistaches en décoration.

PROVENCE EMBALLAGES
Produit
Citron Filet
Variété
Origine ITALIE
AB
AGRICULTURE BIOLOGIQUE
1153 2,10 €
Produit
KAKi
Variété
Origine ESPAGNE
AB
AGRICULTURE BIOLOGIQUE
1229 7,95 €
Produit
Citron feuille
Variété
Origine Italie
AB
AGRICULTURE BIOLOGIQUE
1073 9,50€
Produit
BERGAMOTE
Variété
Origine FRANCE
AB
AGRICULTURE BIOLOGIQUE
1134 5,65 €
Produit
POMME

Origine MADAGASCAR
15.70€
Produit
KIWI
Variété
Origine N. ZELAND
6.30 €
AGRICULTURE BIOLOGIQUE
Kiwi
Rouge
Origine italie
12,50€
Produit
Variété
AGRICULTURE BIOLOGIQUE
Origine

Aérien et parfumé, ce gâteau au chocolat met tout le monde d'accord et la levure de boulangerie lui donne une texture unique. À tester accompagné de fruits d'été !

Gâteau au chocolat à la farine de sarrasin

PRÉPARATION : 20 MINUTES
REPOS : 1 HEURE
CUISSON : 40 À 45 MINUTES

16,5 cl d'eau tiède
65 g de farine de sarrasin
1 cuil. à soupe de miel (idéalement de sarrasin)
1 cuil. à café de levure de boulanger
5 œufs
115 g de beurre
135 g de chocolat
15 g de cacao en poudre
100 g de sucre de canne ou de sucre complet
Huile pour le moule

Pour le décor
Fruits frais
Sucre glace

Dans un bol, je mélange l'eau tiède avec la farine de sarrasin, le miel et la levure de boulanger. Je couvre et je laisse reposer environ 1 heure jusqu'à ce que des bulles se forment à la surface.

Je préchauffe le four à 170 °C.

Je sépare les blancs des jaunes d'œufs.

Je fais fondre le beurre et le chocolat dans un saladier au bain-marie et, hors du feu, j'ajoute le cacao en poudre tamisé et la moitié du sucre, puis, en continuant de fouetter, j'incorpore les jaunes d'œufs un par un. J'intègre enfin le mélange levure, farine, miel.

Au batteur électrique, je monte les blancs en neige avec l'autre moitié du sucre et les incorpore délicatement au mélange précédent avec une Maryse.

Je verse la pâte dans un moule à manqué (ou à cake) huilé et je l'enfourne pour 40 à 45 minutes.

À la sortie du four, je démoule le gâteau et, une fois qu'il est complètement refroidi, je le décore avec des fruits et un peu de sucre glace.

Je le sers nature ou avec une crème épaisse.

C'est le gâteau traditionnel du Nouvel An juif, avec du miel pour que l'année soit douce.

Pendant des années, j'en préparais un très traditionnel que ma famille trouvait trop sec, alors cette année j'ai décidé de changer un peu ma recette et j'ai ajouté un glaçage qui imbibe ce gâteau pour accentuer encore son moelleux. Cette recette a fait l'unanimité, je l'ai donc adoptée !

Le nouveau gâteau au miel & son glaçage au whisky

PRÉPARATION : 30 MINUTES
CUISSON : 55 MINUTES À 1 HEURE

180 g de miel

100 g de sucre de canne

80 g de sucre muscovado ou de cassonade ou de vergeoise

Le zeste d'1 orange bio

3 gros œufs ou 4 moyens

15 cl d'huile végétale neutre (pépins de raisin, colza désodorisée) ou de beurre fondu

4 cl de whisky

200 g de farine de blé

180 g de farine de sarrasin

1 sachet de levure chimique (11 g)

1 cuil. à café de bicarbonate alimentaire

2 cuil. à café d'un mélange d'épices : de Noël, pour pain d'épices, chaï…

17 cl d'eau

Beurre ou huile pour le moule

Pour le glaçage

50 g de miel

50 g de beurre demi-sel

30 g de sucre complet ou de cassonade ou de vergeoise

4 cl de whisky

Je préchauffe le four à 180 °C.

Je porte à ébullition le miel dans une casserole et je le laisse bouillonner à feu vif pendant 1 minute.

Au batteur électrique, je fouette les sucres avec le zeste d'orange finement râpé pour libérer les arômes, puis j'ajoute les œufs un à un en continuant de fouetter jusqu'à ce que le mélange blanchisse et double de volume. Ensuite, j'intègre à faible vitesse l'huile, le whisky, le miel, puis les farines mélangées avec la levure, le bicarbonate et les épices. Enfin, je verse l'eau et je mélange pour obtenir une pâte homogène.

Je verse la pâte dans un moule préalablement huilé ou beurré et j'enfourne pour 55 minutes à 1 heure. Le gâteau est cuit lorsque la pointe d'un couteau en ressort sèche.

Pendant la cuisson du gâteau, je prépare le glaçage en faisant chauffer tous les ingrédients dans une casserole. Lorsque le mélange est à ébullition, je le laisse cuire 2 minutes.

À la sortie du four, je démoule le gâteau sur une grille, je verse le glaçage dessus et je laisse refroidir complètement.

J'ai une passion pour la grenade sous toutes ses formes ! Les graines magnifient les salades et la mélasse, les vinaigrettes et les assaisonnements. J'adore ce mélange de douceur et d'acidité, souligné ici par l'orange.

Gâteau à la mélasse de grenade & glaçage au labné

PRÉPARATION : 30 MINUTES
CUISSON : 30 À 35 MINUTES
REPOS : 5 À 10 MINUTES

Le zeste d'1 orange bio
125 g de sucre de canne
3 gros œufs ou 4 moyens
135 g de beurre fondu
80 g de labné (voir recette p. 60)
3 cuil. à soupe de mélasse de grenade
150 g de farine
1 cuil. à café de bicarbonate alimentaire
1 sachet de levure chimique (11 g)

Pour le sirop
2 cuil. à soupe de sucre glace
Le jus d'1 orange

Pour le glaçage
150 g de labné
2 cuil. à soupe de sucre glace
Graines de grenade pour décorer

ASTUCE

Le labné peut être remplacé par de la crème épaisse dans la pâte à gâteau et par un glaçage classique au fromage frais.

Je préchauffe le four à 170 °C.

Je fouette le zeste d'orange finement râpé avec le sucre au batteur électrique pour libérer les arômes, puis j'ajoute les œufs en fouettant jusqu'à obtenir un mélange mousseux qui double de volume.

J'incorpore délicatement tous les autres ingrédients en commençant par le beurre puis le labné, la mélasse de grenade, la farine, le bicarbonate et la levure. Je verse la préparation dans un moule de 20 cm de diamètre préalablement beurré, huilé ou chemisé.

J'enfourne pour 30 à 35 minutes. Le gâteau est cuit lorsque la pointe d'un couteau en ressort sèche.

Je mélange le sucre glace et le jus d'orange que je verse à la sortie du four sur le gâteau encore chaud et je le laisse s'imbiber 5 à 10 minutes avant de le démouler et de le laisser refroidir complètement sur une grille.

Je mélange le labné et le sucre glace et je l'étale sur le dessus à l'aide d'une Maryse. Enfin, je décore avec les graines de grenade.

Ici à la rose, parfois au sureau et en hiver à la fève tonka ou au thé matcha, c'est le gâteau qui plaît à tout le monde par sa texture aérienne et son glaçage gourmand. Il me fait penser aux pâtisseries anglo-saxonnes et, pour les plus gourmands, on peut faire deux couches de glaçage au lieu d'une !

Il est plus léger qu'il n'y paraît et se garde plusieurs jours au réfrigérateur.

Gâteau à la rose

PRÉPARATION : 30 MINUTES
CUISSON : 50 MINUTES

130 g de sucre de canne (ou 100 g de sucre de canne + 30 g d'un sucre brut ou complet pour plus de goût)

Le zeste d'1 citron jaune ou vert bio

3 jaunes d'œufs

8 cl d'eau

2 cl d'eau de rose

7,5 cl d'huile végétale au goût neutre (pépins de raisin, colza désodorisée…)
+ pour le moule

210 g de farine

1 sachet de levure chimique (11 g)

5 blancs d'œufs

1 pincée de sel

1 cuil. à café de fécule de maïs ou de pomme de terre

Pour le glaçage

400 g de fromage à tartiner type Philadelphia®, St Môret®

100 g de crème épaisse

2 cuil. à soupe d'eau de fleur d'oranger

35 g de sucre de canne

Le zeste d'1 citron bio (facultatif)

Pour le décor

Pétales de roses séchés et/ou fleurs comestibles au choix (sureau…)

ASTUCE

Ce gâteau se conserve 2 à 3 jours au réfrigérateur et je conseille de le sortir quelques minutes avant de le déguster pour qu'il revienne à température et que le glaçage reste bien frais.

Je préchauffe le four à 160 °C.

Au batteur électrique, je fouette le sucre avec le zeste de citron finement râpé pour libérer les arômes. J'ajoute les jaunes d'œufs un à un et je continue à fouetter jusqu'à ce qu'ils blanchissent et doublent de volume, puis j'ajoute l'eau, l'eau de rose, l'huile et enfin, délicatement, la farine et la levure.

Je monte les blancs en neige bien fermes et brillants avec le sel et la fécule. Je les incorpore à la préparation à la rose délicatement à l'aide d'une Maryse pour ne pas casser les blancs.

Je verse la pâte dans un moule très légèrement huilé et j'enfourne pour 50 minutes.

À la sortie du four, je laisse le gâteau refroidir dans son moule à l'envers, sur une grille ou simplement surélevé. Idéalement, il doit rester quelques minutes sans se démouler, même à l'envers. Lorsqu'il est refroidi, je passe la lame d'un couteau entre le moule et le gâteau pour le sortir.

Pour le glaçage, je fouette tous les ingrédients dans un saladier ou le bol d'un robot pour obtenir un mélange bien homogène. Je coupe le gâteau en deux dans le sens de la hauteur et j'étale le glaçage avant de recoller les deux moitiés. J'étale ensuite le glaçage sur tout le gâteau avec un couteau ou une spatule.

Je réserve au frais et je décore avec les fleurs avant de servir.

C'est une recette classique de brownie avec un petit twist de tahini sur le dessus… qui à vrai dire ne plaît pas à tout le monde. Mes fils le préfèrent sans, peut-être parce que j'ai tendance à mettre du tahini un peu partout, et si je n'en mets pas, j'ajoute soit du chocolat concassé grossièrement, soit des noix de pécan torréfiées.

Brownie au tahini

PRÉPARATION : 20 MINUTES
CUISSON : 20 À 25 MINUTES

150 g de beurre + pour le moule
125 g de chocolat
4 œufs
125 g de sucre complet ou de sucre muscovado ou de cassonade
2 cuil. à soupe de cacao en poudre
45 g de farine de sarrasin
1 cuil. à café de bicarbonate alimentaire
2 cuil. à soupe de tahini

ASTUCE

Si vous décidez de mettre des noix de pécan, il faut les répartir à la surface du brownie à la place du tahini.

Je préchauffe le four à 170 °C.

Je fais fondre le beurre et le chocolat en morceaux au bain-marie ou à feu très doux.

Je fouette les œufs et le sucre au batteur électrique jusqu'à ce que le mélange blanchisse et double de volume. J'ajoute le cacao en poudre tamisé, la farine, le bicarbonate et le chocolat fondu en continuant de fouetter pour éviter que les œufs cuisent.

Je verse dans un moule beurré ou chemisé avec du papier sulfurisé. Je répartis sur le dessus le tahini, en faisant des 8 avec la pointe d'un couteau.

J'enfourne pour 20 à 25 minutes. Le brownie est cuit lorsqu'il est gonflé.

Je le sors et le laisse refroidir avant de consommer tiède ou froid nature ou avec une chantilly maison.

Amande ou noisette, peu importe, il est toujours aussi délicieux !

Gâteau chocolat & amandes

PRÉPARATION : 20 MINUTES
CUISSON : 30 À 35 MINUTES

200 g de chocolat
150 g de beurre + pour le moule
5 œufs moyens ou 4 gros
125 g de sucre de canne
100 g de crème épaisse + pour servir
150 g de poudre d'amandes
2 cuil. à soupe de fécule de pomme de terre

Pour le décor

2 cuil. à soupe d'amandes effilées (facultatif)

ASTUCE

Un disque de papier sulfurisé du diamètre du moule posé au fond facilite grandement le démoulage.

Je préchauffe le four à 170 °C.

Je fais fondre le chocolat et le beurre dans une petite casserole à feu doux ou au micro-ondes.

Je sépare les blancs des jaunes d'œufs. Dans un saladier, je fouette les jaunes avec la moitié du sucre jusqu'à ce que le mélange blanchisse. J'ajoute le mélange beurre-chocolat sans cesser de fouetter, puis j'incorpore la crème, la poudre d'amandes et la fécule de pomme de terre.

Je fouette les blancs en neige avec l'autre moitié du sucre jusqu'à ce qu'ils soient bien fermes. Je les incorpore délicatement à la Maryse dans la première préparation.

Je verse la pâte dans un moule de 20 cm de diamètre préalablement beurré ou chemisé, je saupoudre d'amandes effilées et j'enfourne pour 30 à 35 minutes.

À la sortie du four, je laisse le gâteau reposer dans le moule avant de le poser sur une grille et de le servir avec un peu de crème épaisse.

Choco- vanille, choco-noisette, choco-tahini, purée de sésame noir et blanc, matcha-cacao... les combinaisons sont infinies, et depuis le marbré de mon premier livre de cuisine *La pâtisserie est un jeu d'enfant*, j'en ai testé tellement... J'adore celui-ci, délicatement parfumé au rhum, qui se marie à merveille avec le chocolat.

Marbré noir & blanc

PRÉPARATION : 20 MINUTES
CUISSON : 45 À 50 MINUTES

6 gros œufs ou 7 moyens

180 g de sucre de canne ou de sucre complet

300 g de farine

1 sachet de levure chimique (11 g)

1 cuil. à café de bicarbonate alimentaire

180 g de beurre (idéalement demi-sel) pommade ou fondu + pour le moule

3 cuil. à soupe de rhum

Pour la pâte au chocolat

180 g de chocolat

2 cuil. à soupe de lait

2 cuil. à soupe de rhum

Je préchauffe le four à 170 °C.

Je fouette les œufs et le sucre jusqu'à obtenir un mélange mousseux et blanchi, puis j'incorpore la farine, la levure, le bicarbonate, le beurre et le rhum.

Je fais fondre le chocolat à feu doux avec le lait.

Je divise la pâte en deux et, dans une partie, j'incorpore le mélange chocolat, lait et rhum.

Je verse alternativement les deux pâtes dans un moule préalablement beurré et j'enfourne pour 45 à 50 minutes. Le gâteau est cuit lorsque la pointe d'un couteau en ressort sèche.

Les thés fumés sont des thés noirs dont les feuilles ont été torsadées puis fumées et leur intensité est variable. Le temps d'infusion a également son importance en particulier sur la puissance du goût fumé. Ici, je l'utilise réduit en poudre comme une épice, la pâte à cake étant suffisamment humide pour le laisser déployer tout son parfum.

Le *tea cake* au thé fumé, amandes & abricots séchés

PRÉPARATION : 15 MINUTES
CUISSON : 45 À 50 MINUTES

85 g d'abricots séchés

130 g de sucre de canne

130 g de beurre

1 cuil. à soupe de thé fumé (type lapsang souchong) réduit en poudre

2 cuil. à soupe d'amaretto, de sirop d'orgeat ou ½ cuil. à café d'extrait d'amande amère

3 œufs

150 g de farine

30 g de poudre d'amandes ou de noisettes

1 cuil. à café de levure chimique

65 g de yaourt

50 g d'amandes ou de noisettes concassées

Je coupe les abricots séchés en petits cubes au couteau ou avec un robot à hélice et je les mets à tremper dans un bol d'eau chaude.

Je préchauffe le four à 180 °C.

Pendant ce temps, je fouette au robot le sucre et le beurre avec la poudre de thé et l'amaretto ou l'amande amère pendant environ 5 minutes jusqu'à ce que le mélange soit blanchi et mousseux.

J'incorpore les œufs battus en continuant à fouetter, puis la farine, la poudre d'amandes ou de noisettes, la levure, les dés d'abricot soigneusement égouttés et enfin le yaourt. Je mélange bien pour obtenir une pâte complètement homogène dans laquelle j'intègre les amandes ou les noisettes concassées.

Je chemise un petit moule à cake de papier sulfurisé et je verse la pâte avant d'enfourner pour 45 à 50 minutes.

Je vérifie la cuisson avec la pointe d'un couteau avant de sortir le cake. Je le laisse refroidir quelques minutes avant de le démouler sur une grille où il va finir de refroidir complètement.

Ce cake peut être consommé à tous les moments de la journée et peut être congelé entier ou en parts. Je l'adore dans l'après-midi, à l'anglaise, en tranches épaisses avec un thé au lait.

Annexes.

Table des recettes Essentielles.

Au petit déjeuner, vous êtes plutôt sucré ou salé ? 14

Vous serez plutôt team apéritif ou en-cas salé ? 54

Au déjeuner, vous êtes plutôt sur place ou à emporter ? 74

Chaud ou froid, préparé minute ou à l'avance le dîner ? 108

Mes Essentiels de A à Z.

« La vraie découverte ne consiste pas à chercher de nouveaux paysages mais à changer de regard ».

Cette citation de Marcel Proust me fait penser à la nourriture.
Et si on changeait de regard sur notre assiette ?

Remerciements

« Malgré tout je vous dis que cette vie fut telle
Qu'à qui voudra m'entendre à qui je parle ici
N'ayant plus sur la lèvre un seul mot que merci
Je dirai malgré tout que cette vie fut belle »
Aragon, *Que la vie en vaut la peine*

Je n'en reviens toujours pas d'avoir fait de ma passion un métier, ni de pouvoir partager dans mes livres les recettes de mon quotidien avec mes fils et mes amis.

Merci à eux de m'avoir entourée, soutenue et d'être toujours là !

Un merci particulier à Laure Aline, Laurence Maillet, Marine Laurençot et Guillaume Czerw, mes complices pour aboutir à ce livre. C'est grâce à eux qu'il me ressemble autant.

Un clin d'œil affectueux à mon amie Laurence Touitou qui a partagé avec moi la lumière de sa Tunisie natale, ses recettes et m'a (re)donné l'inspiration, et à Clarisse Cohen car il nous reste encore tant de choses à réaliser ensemble.

— Du même auteur —

DÉPARTEMENT ÉDITORIAL ART DE VIE

Directrice éditoriale : Laure Aline
Édition : Marine Laurençot
Correction : Christine Cameau
Fabrication : Titouan Roland
Conception graphique et réalisation : Laurence Maillet

ISBN : 979-10-401-1331-7

Connectez-vous sur :
www.editionsdelamartiniere.fr
Instagram : @lamartiniere.cuisine

Photogravure : Les Caméléons, Paris
Dépôt légal : avril 2023
Achevé d'imprimer en mars 2023
sur les presses de Estimprim
Imprimé en France

FSC www.fsc.org MIXTE Papier issu de sources responsables FSC® C016827